保育・福祉専門職をめざす学習の基礎

―講義・実習・生活のマナーを学ぶ―

生活技術教育研究会 編

はじめに

　本書は淑徳短期大学教員有志による「生活技術教育研究会」の研究成果である。

　保育士，幼稚園教諭，介護福祉士，社会福祉士など保育・福祉にかかわる対人援助の専門職養成については，それぞれの専門に必要な理論・技術・倫理の教育が行なわれている。これらの養成教育を行ってきた本学の社会福祉学科，こども学科では，近年の学生の傾向として，18歳の大学入学までに獲得されているべき生活能力，コミュニケーション能力，学習態度が形成されていないという問題が，教員間の話題となっている。専門教育以前の問題が充分な専門教育を困難にしている，という状況をいかに打開するかが課題として意識されるようになった。

　問題の背景には，核家族化・小家族化のなかで，生活が多様化し，商品化がすすみ，成長過程で子どもが経験する人間関係や，大人から伝えられる生活文化・技術が乏しくなったことがある。このような子ども期を過ごしてきた学生たちが上述の状況にあるのは不思議ではない。

　これらは「家庭の問題」「それまでの学校教育の問題」として，大学教育の課題ではないと捉えられてきた。しかし，こうした傾向は今後ますます強まると考えられ，放置するわけにはいかない。とりわけ，対象者の生活にかかわりながら，援助・指導する保育・福祉職にとって，生活能力，コミュニケーション能力の不足は，大きな問題となる。従来，生活の中で"自然に"身につけてきたこれらについて，大学の専門職教育として意識的な教育プログラムが必要ではなかろうか。

　このため本学社会福祉学科児童福祉コース（保育士養成）では，2008年度より1年次前期科目として，大学での学び方，言葉によるコミュニケーション，さまざまな生活技術について学習する「生活技術演習」を新設し，保育士資格取得のための学内必修科目として位置づけた。それに先立ち，2006年7月より本学三学科（社会福祉，こども，食物栄養学科）の教員有志による「生活技術教育研究会」を立ち上げ，この科目の教育内容，教育方法の検討を当面の課題として取組んできた。「生活技術演習」の初年度は，研究会で作成したプリント教材を用いて実施し，一定の成果をあげることができた。その後，プリント教材にさらに検討を加え，授業の経験も踏まえてまとめたものが本書である。

　昨年は，関西における「初年次教育学会」発足の報に接した。大学入学後に，まず大学教育をうける力をつける教育をしなければならない，というのは多くの大学・短期大学に共通の課題のようである。専攻分野，学生の学習能力や関心傾向の違い等から，大学間でかかえる問題に差はあろうが，他大学のこうした動きからも学んでいきたい。本書についても，広く，保育・福祉専門職養成校における，実習指導や基礎ゼミ等のサブテキストとして，使っていただければ幸いである。

　本書には付録として「指導者用手引き」を作成したのでご利用いただきたい。

　本書は，生活技術教育研究会のメンバーで協力して作成したが，執筆者は以下のとおりである。

　1章　松本園子（社会福祉学科）・堀口美智子（社会福祉学科）共著
　2章　1～3節　楠元雅子（社会福祉学科），4節　長谷部比呂美（こども学科）
　3章　長谷川美貴子（社会福祉学科）
　4章　1～3節　児玉ひろみ（食物栄養学科），4節　矢島麻由美（食物栄養学科）
　5章　1～3節　藤澤雅子（社会福祉学科）4節　鈴木房江（こども学科）

　最後に，出版を快く引き受け，すてきなテキストに仕上げて下さった，ななみ書房社長・長渡晃氏に御礼申し上げる。

　　2009年3月

　　　　　　　　　　　　　　　　　　　　　　生活技術教育研究会（代表　松本園子）

もくじ

● はじめに

● 第1章　大学での学びかた

　○ 第1節　大学で学ぶということ　5
　　　① 大学で学ぶ目的　5
　　　② 授業を受ける際の基本的姿勢　6
　　　③ 学習の構え　6
　○ 第2節　講義を聴く・ノートをとる　8
　　　① 講義を集中して聴く　8
　　　② 聴いたことを記録する　10
　○ 第3節　調べる・まとめる・発表する　12
　　　① さまざまな情報を利用して調べる　12
　　　② 客観的な事実や資料を根拠にしてレポートを書く　13
　　　③ 調べたこと，考えたこと，経験したことを発表する　14
　　　　　資料　研究論文の書き方　16

● 第2章　言葉によるコミュニケーション

　○ 第1節　コミュニケーションとしての"ことば"　19
　○ 第2節　心地よい言葉を使う　20
　　　① 言葉の使い分け　20
　　　② あいさつ　22
　○ 第3節　電話のかけ方　23
　　　① 電話でアポイントをとる　23
　　　② 実習先へ遅刻、欠勤の連絡をする場合　26

○第4節　手紙の書き方　　26
　　　　① 手紙文の基本構成　　26　　② 礼状の書き方　　27

●第3章　服装と身だしなみ

　　○第1節　学校内での服装と身だしなみ　　35
　　　　① 服装には人間性があらわれる　　35
　　　　② 服装には意欲があらわれる　　35
　　　　③ 服装と身だしなみのポイント　　35
　　○第2節　実習での服装と身だしなみ　　37
　　　　① 実習施設までの通学着　　37
　　　　② 実習施設内での実習着　　39
　　○第3節　就職活動での服装と身だしなみ　　43
　　　　① 短い面接時間では，第一印象が重要　　43
　　　　② 女性スーツの基本　　44
　　○第4節　身だしなみが映える動作としぐさ　　46
　　　　① 美しい姿勢の基本　　46
　　　　② 美しい歩きかたの基本　　47
　　　　③ 気持ちの良い挨拶の基本　　47
　　　　④ おじぎの種類　　49

●第4章　家事―衣食住にかかわる日常の仕事

　　○第1節　食事の準備　　52
　　　　① 栄養面に配慮したおいしい料理を作る　　52
　　　　② 時間内に作るために　　53　　③ 衛生的に作るために　　57
　　○第2節　掃　除　　60
　　　　① 掃除の準備　　60　　② 物の片付け　　60
　　　　③ ほこりを落とす・はく・拭く　　60
　　　　④ ゴミ処理　　62

○第3節　洗　濯　　63
　　　　①　「絵表示」の確認　　63
　　　　②　部分洗い，下洗い，つけおき洗い　　63
　　　　③　洗剤の種類の確認　　64　　　④　洗い方　　65
　　　　⑤　干し方　　66　　　　　　　⑥　アイロンかけ　　67
　　　　⑦　その他　　67
　　○第4節　生活のマナー　　68
　　　　①　日常の食事のマナー　　68
　　　　②　改まった席での食事のマナー　　69
　　　　③　西洋料理の基本マナー　　73

●第5章　街で，訪問先で

　　○第1節　駅でのマナー　　77
　　○第2節　乗り物の中でのマナー　　78
　　　　①　乗降時のマナー　　78　　　②　車内でのマナー　　78
　　　　③　乗り物の席次　　79
　　○第3節　道路上でのマナー　　81
　　○第4節　訪問のマナー　　82
　　　　①　訪問の前に　　82　　　　　②　訪問先で　　82
　　　　③　訪問の後に　　87

●終章　保育・福祉専門職に求められるもの

　　　　　全国保育士会倫理綱領　　89
　　　　　日本介護福祉士会倫理綱領　　90
　　　　　社会福祉士の倫理綱領　　91

大学での学び方

第1節　大学で学ぶということ

1　大学で学ぶ目的

　大学・短期大学に入学したあなたがたは，「学生」と呼ばれる。学生は，何らかの目的を持って，自分の意志で学ぶものである。「生徒」であった今までも，それぞれ目的をもって勉強してきたが，他者（例えば，学校の先生）の評価を基準に，勉強し，行動するという面が強かったのではないだろうか。例えば，テストで良い点を取るため，内申書を良くするため，めざす大学や短大の入学試験に合格するため等。大学・短期大学への入学を果たし，自分の将来にむけての勉学を始めた今，他者からの評価を基準とするのではなく，「自分のために勉強する」という方向に頭を切り換えたい。

　大学のテストに出ることがらは，専門職として学ぶべき事のほんの一部である。新しい事象や評価の定まらぬ事，様々な視点や意見が存在することなどは，重要であったとしてもテストにはあまり出題されない。しかし，将来専門職として仕事をしていくためには，様々な情報を収集し，自分で考え，判断する力を身につけることが必要であり，テストに出題されない事柄であっても十分に学ぶべきである。日頃，自分のために積極的に学ぶ人は，テストにおいても良い結果が得られるはずである。

　大学・短期大学は"自由"である。自由は，学生が"大人"であり，規則で縛らなくても適切な行動ができるという信頼が前提となっている。服装や髪型についての決まりはない。登校時間については自分が選択している授業に遅れないように教室に入ればよい。教室の座席も，どこに座るかは原則として自分で選ぶ。

　規則はないのだから，何をやっても自由なのだと思う人もいるかもしれない。しかし，自由を得るということは，"自己責任"を持つことである。そうした信頼に応えられる大人になってほしい。

> **ワーク1・1**
>
> ◆ 考えてみよう
> ・自分が大学に入学した目的は何であるか
> ・大学で何を獲得したいのか
> ・その目的を達成するためには、在学期間の2年間あるいは4年間をどのように過ごしたら良いのか

② 授業を受ける際の基本的な姿勢

大学での授業の受け方の基本を次に挙げる。

❶ 授業には必ず出席する。体調不良などでやむを得ず欠席した場合は、翌週教員に申し出て、配付資料等があれば受け取る。欠席した日の内容は、友人などからノートを借りるなどして補っておく。

❷ 遅刻をしない。通常、授業の最初にその日の授業の目的と内容についてイントロダクションがあり、それを聞かないと、授業全体が理解できない。したがって、遅刻は自分の学習のために不利であるし、遅刻が欠席扱いになることがある。遅刻をしてしまった場合は、席を選ばず、音を立てないように、速やかに着席する。途中から入室する行為は他の受講者にとっても迷惑である。

❸ 教室の座席にゆとりがあれば、一人おきに着席する。となり同士がくっついていると、肘が触れたりしてノートがとりにくい。落ち着いて授業を受けることもできない。

❹ 私語は厳禁である。わからないことや疑問があれば、手を挙げて教員に質問をする。

❺ 前方の席に座ると、講義が理解しやすく、気持ちを集中することができる。

❻ 授業中は、授業にかかわりのない物を机に置かない。荷物(バッグ、コート)は、隣の座席に置く。飲食物は置かない。携帯電話はマナーモードにするか電源を切って荷物の中にしまう。

❼ 各授業では、ノートを用意する。講義の日付を記入しておくと復習に役立ち、出欠の自己管理にも有効である。

③ 学習の構え

計画を立て、学習の構えをもつことにより、学生生活は、より充実したものになる。小さな毎日の積み重ねが、大きな成果を生み出すことだろう。

❶ 一週間の活動計画を立てる（学習, 遊び, ボランティア, アルバイト等）

　学生がまず優先すべきは学業である。アルバイトをする場合も, 学業に支障がでないよう工夫する。体調管理も大切である。時には息抜きをしながら, 睡眠時間を十分に取るように心がける。

❷ 予習をする

　短時間でも予習をし, 講義の前に予備知識をつけておこう。教科書や資料も, 前もって読んでおくと講義の理解度が格段に深まる。「時間がない」と感じるかもしれないが, 通学の電車の中や, 待ち時間など, ちょっとした時間を使って目を通すだけでもよい。自分の中に準備ができていると, 授業が楽しくなる。

❸ 授業の記録

　高校までの授業は, 多くの場合, 教科書と授業中の板書ですすめられる。授業では, 板書をノートに書き写し, 試験前にノートと教科書を読み直す, というのが一般的な勉強の方法であったろう。しかし, 大学では黒板に必要な事柄をすべて書くという授業形態を取らない講義が多い。教員が話すことを注意深く聴き, 必要なことは自分で判断し, 自分の言葉でまとめ, ノートに記録していくというのが大学の授業の受け方である。

　大学で使用する教科書には文部科学省の検定というものはなく, 教員は自由に教科書を選択する。教科書を使用せず, 配布プリントに沿って授業が行なわれる場合もある。

❹ 講義ノートの整理

　講義を聴きながら取ったノートは, その日のうちに整理しておく。聴き逃しがあれば教科書などで調べる。質問があれば, ノートに書き出しておき, 次の機会に教員に聞こう。

❺ 質問する

　「各授業で必ず一つは質問してみよう」と思いながら聴くと, 内容に集中できる。よくわからなかった箇所は, 授業中でも授業後でも積極的に教員に質問し, 不十分な理解のままにしておかないようにしよう。

第2節　講義を聴く・ノートをとる

1　講義を集中して聴く

　私たちは，日常，情報の大部分を"聞く"ことから得ている。家族や友人との会話のなかで，テレビ，ラジオに，きわめて多くの情報・知識の資源が含まれている。

　講義も，やはり耳からの情報である。ただし日常会話とは異なり，まとまった知識や技術，思想を伝えることを目的に，授業が行なわれる。この1時間半の講義を，耳を澄ませて"聴く"こと，聴きながら自分の意志と力で"記録"することが必要である。

　板書や配布資料，パワーポイントは，耳からの情報の補助として理解の助けとなる。このようなツールをうまく活用して学び，自分の知識に組み込む。

　聴くためには，そこに自分の気持ちを集中させることである。集中できない場合は，何が原因かを考え，原因を取り除くようにしよう。以下に，学生が集中できない主な原因と解決策を挙げてみる。

❶　**環境の問題**　（騒音，暑い，寒い，空気が悪い，等）
　学生の私語は教室内の最たる騒音である。お互いに，私語は絶対にしないようにしよう。

　小さな声で話しているつもりでも，周りの人には非常に気になる。話しかけられた人は，迷惑に感じても，"友情"を損なわないために返事し会話を始め，騒音をまき散らす側になってしまう。私語により，注意が中断されると，本人も，周りの人も，その後の講義への集中が難しくなる。

　教室内は，冷房（夏）や暖房（冬）で快適な室温を保つようにされている。しかし，暑さや寒さの受けとめ方には個人差があり，例えば暖房で暑すぎて授業に集中できないという場合もある。そのような時には，教員に申し出て，室温調節をしたり，自分の衣服で調節したりするようにしよう。

❷　**自分の条件**　（体調不良，気になることがある）
　体調が悪く，授業には出てみたものの集中できない，という場合があるだろう。心配事があって，気もそぞろ，という場合もあるだろう。このようなときは，思いきって休んだ方がよいかもしれない（但し，欠席

により生じたマイナスは自分で補わなければならない。必要出席日数の確保に注意する)。しかし，聴くことに努力しているうちに面白くなり，体調不良や心配事を忘れてしまうこともあるので，できるかぎり出席を心がけるのがよい。自分の不調で集中できないために，私語などをして，他の人に迷惑をかけることは絶対にしない。

❸ **講義の内容** (内容がやさし過ぎる，むずかし過ぎる，内容に関心をもてない)

「こんな事はもう知っている」，「他の授業でも同じことを聞いた」と感じ，集中できないことがあるかもしれない。しかし，あなたは本当にそれを"知って"いるだろうか。しばしば聞く言葉も，それについて説明して下さい，といわれるとできないことが多い。知っているつもりのことでも，講義を聴いて，「本当はこういうことだった」，あるいは「このような考え方もある」など，理解度が深まることも多い。

「授業の内容がむずかし過ぎて，全くわからない」「聞く気にもなれない」という場合もあるだろう。しかし，講義とは，学生にとって新しい知識や技術を教えるための方略であり，ある程度難しいのは当たり前なのである。それを乗り越えて理解できた時の喜びが，学生の大きな特権である。

もしも講義をむずかしいと感じるならば，注意深く聴き，何がむずかしいのかを見つけることである。使われる言葉の意味がわからないのならば，その言葉を書き出して，辞書で調べたり，教員に質問してみよう。使われている言葉の一つ一つの意味はわかるが，話しのつながりがわからない，理解できない場合は，教員に質問してみよう。

講義を"聴く"ためには，聴く力が必要である。そのためのトレーニングに挑戦しよう！　辞書を毎回持参のこと。電子辞書でもよい。携帯電話を辞書代わりに使うのはメールとまぎらわしいため，授業では禁止する。

◆　見て書き写す
　配布された文章を，3分以内でノートに書き写してみよう。

ワーク1・2

> **ワーク1・3**
>
> ◆ 聞いたとおりに書き取る
>
> 聴く力をつけるために，聞いた話をそのまま書き取るトレーニングをしよう。
>
> ① 教員が読む文章を，ノートに書き取る。3回読むので，できるだけ完全に書き取る。漢字は略字でもよく，ひらがなをたくさん使って良い。きれいに書かなくても，自分で読めればよい。早く書き取ることが大切。
> ② 書き取ったら，辞書を使い，適当な漢字仮名交じり文に修正する。
> ③ もとの文章を配布。→自分が書き取り，辞書で調べて修正したものと比較し，誤りについて考える。

② 聴いたことを記録する

❶ ノートをとる（ノート・テイキング）

ノートをとるとは，聴いたことを自分なりのやり方で記録することであり，黒板に書かれたこと（板書）をただ単に書き写すことでは無い。「板書」は，講義の補助手段であり，ノートテイクの助けにはなるが，自分で講義を聴き，自分で記録することができなければならない。聴かずに，黒板をみて文字を書き写すだけでは，講義を聴いたことにはならない。

講義にもいろいろなタイプがある。一つは，教科書も，資料も，板書も無く，教員が話すことが中心の講義である。昔の大学はこのタイプの講義が多く，学生は教授の講義をひたすら筆記したという。最近の大学では，このような型の講義はあまりないと思われるが，あちこちで開催される講演会の場合は，だいたいこのタイプである。あなたも講演会に参加した時には，せっかく得た情報を無駄にしないよう，自分のためにメモをとる習慣を付けておこう。

次に「板書」中心の授業である。教員は，話しながら黒板に要点を書く。話すスピードで書くことはできないので，書かれるのは要点のみであり，板書を写しただけでは，後で読み返したとき内容がよく理解できないであろう。学生は聴きながら，板書の内容に情報や説明を付け加えてノートをとる必要がある。

プリント（資料やレジュメ）中心の授業もある。プリントにそって講義がすすめられるので，プリントの余白に説明や解釈を書き込んでいく。

❷ ノートテイクの効用
① 書くという作業を通して，講義のアウトラインが見えてくる。
② 書くという作業を通して，講義の内容に集中できる。
③ 重要な部分をまとめることができる。
④ 教科書に書かれていない情報を記述しておくことができる。
⑤ あとで読み返すことができる。あとで理解しやすいように読みやすく整理しておくとよい。

❸ ノートテイクの技術
　ノートには教員の説明や提示された情報をすべて記述する必要はない。しかし，できるかぎり詳しく記録し，あとで読み返して重要点をマークするのがよい。
　また，文字はきれいに書く必要はなく，自分に分かればよい。もちろん，きれいに，速く書くことができるのが望ましいのはいうまでもない。その場で漢字が書けなければ，とりあえずひらがなで書き，あとで直すようにする。ワーク１－３のようなトレーニングを重ね，聞いたことを，速く，出来るだけ正確に書き取る力を付けておくと，ノートをとることもたやすくなる。
　ノートテイクの力をつけるためには，要点を的確にとらえてメモを取るトレーニングも有効である。要点として重要なのは，5W1Hであり，これらを聴きもらさないようにする。5Wとは，When, Where, Who, What, Whyであり，HはHow，つまり何時，どこで，誰が，何を，なぜ，どのように，である。

注☞　聴覚障害をもつ人のためのノートテイクの場合は，すべての情報を記録することが求められる。したがって，自分のためのノートテイクとは別の技術が必要であり，そのための講習会が開催されている。ノートテイカーとしての訓練を受け，こうした活動にもぜひ参加してほしい。

◆　要点をメモする
　聞いたことを全部書き取るのではなく，要点をメモする練習もしておこう。
　① 教員が読む文章を聞いて，配布用紙に要点を書く。
　② 5W1Hがわかるように書く。

ワーク１・４

第3節　調べる・まとめる・発表する

　大学で学ぶ際に不可欠なことは、自分で調べ、考えたことをレポートなどの文書にまとめたり、調べたことや経験したこと、考えたことを口頭で発表したりすることである。

① さまざまな情報を利用して調べる

　例えば、"「保育士のありかた」について調べ、レポートを提出しなさい"という課題が出されたとする。調べるための方法は次のように多様であるが、まずは書物で調べることが原則である。

❶ **文献で調べる**
　① <u>辞典類</u>
　　　まず、手がかりを得るために、社会福祉辞典、保育辞典、といった専門辞典類を図書館などで利用する。何種類かの辞典が出版されているが、「保育士」の項目を見れば、基本的なことが短くまとめられている。
　② <u>専門書</u>
　　　図書館で、「保育士」のことがとりあげられている本を探す。用語で検索すれば、様々な本が見つかる。これらを実際に手にとってみて、参考になりそうな本を借りて読む。
　③ <u>雑　誌</u>
　　　児童福祉・保育関係の雑誌も多く刊行されている。図書館にある雑誌の最新号および最近のバックナンバーをみてみよう。これらには「保育士」の仕事や、保育士をめぐる現状について取り上げている記事も多い。
　④ <u>新　聞</u>
　　　新聞は、福祉・保育の学習の最新の宝庫といって良い。新聞には、今日の子どもと生活をめぐる様々な状況が報道されており、主体的な学習として、できるだけ毎日目を通す習慣をつける。日頃、目についた記事を切り抜き、年月日を入れて保存しておく。図書館には、全国の様々な新聞の切り抜きを内容別にあつめた雑誌（「切り抜き速報」など）もあるので、こうしたものも活用する。

❷ **インターネットで調べる**
　　インターネットは豊富な情報を手軽に獲得できる手段であり、上手に

利用したいが，以下のような点に注意する。①誰が，あるいはどのような機関が，発信している情報かを確かめる。あとで確認できるように，ブックマークする，URLを控えておく等するとよい。専門機関による信頼できる情報もあるが，個人的な偏った情報もある。学術的なものもあれば，商業宣伝のためのものもある。インターネット上ではこれらが同時に同等に並んでいる。②いつの情報かを確かめて利用する。最新の情報も得られるが，古い情報も一度インターネットに入ったものは残っており，流れ続けることがある。

❸ 観察，インタビュー，実態調査・意見調査など

関係する場を見学し観察する，そこで関係者にインタビューする，という方法もある。例えば「保育士」について調べる場合，保育所を見学して，保育士の実際の仕事を観察する，保育士にインタビューする，などである。また，調査用紙をつくり，一般の人や関係者の意見などを調査するという方法もある。

② 客観的な事実や資料を根拠にしてレポートを書く

レポートと作文はどのようにちがうのだろうか。今まで多くの作文を書く機会があったと思う。作文は，学校の行事の感想や身の回りのことなど，主として筆者の主観を自由に述べるものである。レポート・小論文は，実際に行なった実験や研究の結果をふまえて，客観的な事実や資料を根拠にして，自分の意見や考察を述べるものである。

レポートの条件（規定）については，それぞれの授業で課題が出されたときに示されるので，必ずそれにしたがってまとめる。ここでは，一般的な注意を述べておく。

❶ 体裁を整える
① 表紙，またはレポートの最初にテーマ，科目名，教員名，学籍番号，氏名，提出日，を書く。
② 用紙は原則としてレポート用紙を使用する。ルーズリーフでは間に合わせ的な印象を与える。
③ 2枚以上になる場合は，必ずホチキスで留める。ゼムクリップは，はずれたり，引っかかったりするので不適当である。
④ 字は丁寧に読みやすく書く。鉛筆やシャープペンシルで書く場合，うすいと読みにくいので注意する。
⑤ 丸めたり，しわになったり，汚れたりしたものは不可である。提出するレポートは，汚れないようにファイルにはさんで持参する。

⑥ ワープロ・パソコンで作成してもよいが，手書きできちんと書く力はつけておく。
⑦ 書く分量は教員の指示に従い，「○枚以内」と指定された場合は，その枚数の8〜9割は書くようにする。
⑧ 提出期日を守る。遅れた場合は，提出日と遅れた理由を添えて提出する。

❷ 書き方

① 読み手の立場になってみる。読み手は，どういう目的で何を期待して読むのか，読み手が真っ先に知りたいのは何かを考え，書く順序や内容，表現の仕方を検討する。
② 文体は一般的に，「です，ます調」ではなく，「である調」で書く。
③ 内容が変わるところで，段落を変える。内容が一つにまとまっていると，読みやすい。段落を変えるときは，一字下げて書き出す。
④ 他の人が公表したものを参考にしたり，自分の文章に引用したりしてもよいが，引用した他人の文章と自分の文章は，次のようにきちんと区別して記述する。

> 例　山田は「………　　　　　」[1] と述べている。
> 　　鈴木によれば，次のように表現されている。[2]
> 　　　　「………　　　　　　　　　　」

⑤ 参考にしたり引用したりした文献は，末尾に参考・引用文献リストとしてまとめて書く。その書き方については，本章末の資料："研究論文の書き方❸⑧"を参照してほしい。
⑥ 書き終わったら読み直す。事実として書いてあることに客観性はあるか，誰の意見であるかがはっきりわかるように書かれているか，段落の付け方やバランスは良いか，論理的な展開になっているか，一つの文章が長過ぎないか，誤字脱字はないかをチェックし，修正してから清書する。

③ 調べたこと，考えたこと，経験したことを発表する

　学生は，授業の中で様々な発表の機会を与えられる。例えば，演習等で，自分が調べ，考察したことをまとめて発表する。実習終了後，経験し学んだこと，考えたことをまとめ，発表する。討論の中で，自分の意見を発表する，などである。どの場合でも，5W1H（いつ，どこで，誰が，何を，なぜ，どのようにした）がわかるように内容を組み立て，分かりやすくはっきりと

報告することを心がける。

> ◆ 経験したことを話す
> 　例えば，大学入学後に参加した新入生オリエンテーションプログラムについて，その内容，自分の感想を，それについて何の情報ももっていない人（例えば高校の後輩）に話すとしたら，どんな内容になるだろうか。
> 　① 話す内容をノートに書く（3分程度で話をするつもりで）。
> 　　・5W1Hが分かるように
> 　　・特に伝えたいことは何か
> 　② （後輩に話すつもりで）発表する。
> 　③ 発表後，評価しあう
> 　　・内容が伝わったか
> 　　・話し方は適切であったか

ワーク1・5

資料

◆ 研究論文の書き方

1 研究論文とは

　論文とは，ある問い（テーマ）に対して論理的に答えを示す文章であるといえる。一つの問いを提起し，その問いに関する議論を広げ，その解決や答えを示していくものである。作文や感想文の場合は個人的な体験や自分の感じたことを自由に書くことができるが，論文では「問い」とその「答え」がセットとして存在していなければならない。つまり，自分が主張したいことの根拠となる客観的な証拠や事実を述べることが求められ，そのためには分析や調査を行う必要がある。

　研究には，質問紙や観察，実験，面接などを用いて調査を行い，その結果を分析する調査研究や，すでに発表された文献から資料を得て，それらの比較や分析を行う文献研究などの方法がある。調査研究をする際にも，結果の解釈や考察を行うために文献研究は必要であるが，古い書物や雑誌など，入手が困難であったり難解であったりする資料を丹念に収集して分析を行い，新しい知見を得ようとする文献研究もある。

　一般的な論文の流れは，どのような問題を，どのような目的で取り上げ，どんな方法を用いて分析や調査を行い，その結果何が明らかとなり，どのような結論に至ったのかを述べていくという形になる。それを，「序論」「本論」「結論」という原則に沿って展開する。

2 論文の書き方

　論文の書き方は，学問分野によって多少「章の立て方」は異なるが，「序論」「本論」「結論」の3つの部分で構成される。長いもの（卒業論文など）は，本論の部分が多くの章に分かれたりするが，長くても短くても，この3つの要素を含む必要がある。

　①　序　論

　序論は論文全体を紹介する部分である。「なぜこの問いを立てる必要があるのか」といった問題の背景を述べ，問題の提起をしたうえで，簡単に論文全体の構成を記す。序論を読めば，筆者が何を考え，何をこの論文で主張し，どのような結論に達するのかがわかるように，おおよその結論まで述べておく。そうすれば，読者は結論を思い浮かべながら読み進めることができる。

　②　本　論

　本論は，自分の主張したいことに沿って，さまざまな証拠や事実を積み上げて議論を展開する部分である。どのような対象者にどういった調

査をしたのかなど研究の方法や，分析や調査の結果を提示する。その結果について，先行研究の結果とどのように異なるのかなど，解釈や考察を行う。ただし，主張したいこと（問い）と関係のない内容は，論文のなかに入れてはならない。

　③　結　論
　結論は，問いに対する答えを示す部分である。本論で議論されたことを要約して述べる。要約とは，分析結果や調査結果の重要な点をもう一度述べ，研究の意義を示すことである。さらに，問いに対して答えが示せたことや示せなかったことを検討し，示せなかったことは今後の課題とする。本論のなかで触れなかったことは，結論に入れてはならない。

3 論文を書く際の注意
① 論文の長さを考えて論点を絞る（「問い」は1つか2つにする）。
② 「です」「ます」調ではなく，「である」調で書く。
③ 一つの文章はできるだけ短くする。長くなった文章は，複数の文に分ける。
④ 主語のある文章を書く。ただし，主語と述語はきちんと対応させておかなければならない。
⑤ 事実と意見を区別して書く。根拠が示されていなければ個人的な意見となる。論文のなかに個人的な意見はあまり書かない方が良いが，考察のなかに推論として示す場合は，「～だと思う」「～と感じる」という表現でなく，「～と考えられる」「～と思われる」などの表現を用いる。
⑥ 「そして」「そこで」などの接続詞や，「その」「そういった」などの指示語はできるだけ使わないようにする。使わなくても，意味が通ることが多い。
⑦ 本文の流れを崩さないで内容を補足したいときや，部分的に詳しく述べたい場合は「注」をつける。該当箇所に数字をつけ，「脚注」（本文の下段）あるいは尾注（論文の末尾）に置く。
⑧ 論文の作成に使用した引用文献，参考文献は，論文の末尾に番号を付けて「文献リスト」としてまとめる。文献リストのスタイルについては，簡単に記しておく。
　　単行本…著者名，出版年，『タイトル―サブタイトル』出版社名
　　雑誌論文…著者名，出版年，「論文のタイトル」『雑誌名』出版社名，巻（号），掲載ページ

■参考文献

学習技術研究会編著『知へのステップ　改訂版－大学生からのスタディ・スキルズ－』くろしお出版　2006

S・コウチ，G・フェルステハウセン，P・ホールマン著　牧野カツコ編訳『スキルズ・フォア・ライフ』家政教育社　2002

石垣明子「基礎学力をどのようにつけるか」2007.2　社会福祉士養成セミナー，ワークショップにおける配布資料

第2章 言葉によるコミュニケーション

第1節　コミュニケーションとしての"ことば"

　コミュニケーションとは，人と人とのつながりに欠かせないものである。もっと広く考えると，生きる者が複数存在するところには，すなわち社会が成立するためには必要不可欠のものである。そのコミュニケーションの手段には，一つは声，人では言葉による言語的コミュニケーションがある。もう一つは表情や態度で示す非言語的コミュニケーションである。この両者をうまく連動させ，言葉と態度で相手に，こちらの思うことが適切に理解された時に，初めて適正なコミュニケーションがとれたことになる。

　フランチャイズされた飲食店で，店に入った途端に店員が一斉に，「いらっしゃいませ。こんにちは。」と大声をあげる店がある。何も言われないよりはよいとは思うが，そこに「ようこそ，いらっしゃいました。」という心を感じないのである。マニュアル通り，いわないと店長から注意されるからいっているのかなと，勘ぐったりしてしまう。普通，言葉を声にだすとき，そこには感情，心が伴うものである。しかしながらマニュアルから入る時には，内容を理解せず，ただ文字を声に出しているだけで，真の意味の言葉と感じられないのである。その与えられた言葉の意味を理解し，自分の心を吹き込んで話すことができるかどうかに，その人の人格がにじみ出るのである。

　日本語は大変難しい。敬語があり，また男言葉，女言葉など使い分けなければならない。今，男女の差別なしが叫ばれているが，今まで培われてきたこの日本語は，上手に美しく，TPOに応じて使い分けてほしい。子供の頃から言葉を覚える過程で，自然に習得していき，それが習慣になれば簡単なことのように思う。そして言葉に伴った表情や態度が自然に身につき，良好な対人関係を築いてもらいたいものである。保育者を目指す方には幼児からの美しい日本語の教育を，介護福祉士・社会福祉士を目指す方には，人生の経験豊かな人々と楽しめるような会話術を身につけてほしい。

　ここでは尊敬語，謙譲語などについて学習するが，これらを自分のものに応用して自然に表出できるように，日常でどんどん使ってもらいたい。

第2節　心地よい言葉を使う

1　言葉の使い分け

　言葉は，その使い方によって相手に与える印象が大きく異なったものとなる。相手や場にふさわしい使い方ができるようになるために，まずその種類や働きににについて理解することが必要である。敬語の仕組みとしては，一般に「尊敬語，謙譲語，丁寧語」の3種類に分けられていたが，文化庁の指針（2007年）により，謙譲語と丁寧語がさらに分けられ5種類になった。

◆　敬語の5分類

① 尊敬語
　相手や第三者（話題に登場する人物）の行為，ものごとや状態などを高め（言葉の上で高く位置づけ）て述べるもの。
　　いらっしゃる　　なさる　　おっしゃる　　など ……【行為】
　　（先生の）お名前　（先生からの）お手紙　お忙しい　など
　　　　　　　　　　　　　　　　　　　　　　……【ものごとや状態】

② 謙譲語Ⅰ
　自分側から相手側や第三者に向かう行為・ものごとなどについて，その向かう先の人を高めて敬意を表すもの。
　　伺う　　差し上げる　　申し上げる　　など
　　（先生への）お手紙　　（先生への）御説明　　など

③ 謙譲語Ⅱ
　自分側の行為・ものごとなどを，相手に対して丁重に述べるもの。
　　申す　　参る　　おる　　存じる　　など
　　拙著　　小社　　など

④ 丁寧語
　話や文章の相手に対して丁寧に述べるもの
　　です　　ます　　（で）ございます　　など

⑤ 美化語
　ものごとを美化して述べるもの
　　お花　　お料理　　など

ワーク2・1

① 次の空欄㋐〜㋖に適語を補ってみよう。

		丁寧語	尊敬語	謙譲語
いる	⇨	います	いらっしゃいます	㋐（　　　　　）
する	⇨	します	㋑（　　　　　）	いたします
会う	⇨	会います	お会いになります	㋒（　　　　　）
来る	⇨	来ます	㋓（　　　　　） お見えになります お越しになります	参ります
言う	⇨	言います	㋔（　　　　　）	申します
見る	⇨	見ます	㋕（　　　　　）	㋖（　　　）いたします

② 次の各表現を適切な敬語を用いた表現に改めてみよう。

　　知ってますか　　　⇨　尊敬語を用いて「　　　　　　　　」
　　今, 行きます　　　⇨　謙譲語を用いて「　　　　　　　　」
　　待たせてすみません　⇨　謙譲語を用いて「　　　　　　　　」
　　ここに印下さい　　⇨　謙譲語を用いて「　　　　　　　　」
　　今, いいですか　　⇨　謙譲語を用いて「　　　　　　　　」
　　○○のことを聞きたいんですけど
　　　　　　　　　　　⇨　謙譲語を用いて「　　　　　　　　」

③ 敬語表現として, 誤った使い方が時々みられる表現がある。
　例えば, 保育園での職員会議において「ただ今, 園長が申されましたように」という言い方。
　「申す」は謙譲語であるので,「ただ今, 園長がおっしゃいましたように」と述べるべきである。
　以下, 敬語の用法として適切であるのはどちらか。

　　ⓐ 「お忘れ物をいたしませんよう, 気をつけてお帰りください。」
　　ⓑ 「お忘れ物をなさいませんよう, 気をつけてお帰りください。」

　　ⓐ 「この順番で結構でしょうか？」
　　ⓑ 「この順番でよろしいでしょうか？」

　　ⓐ 「預からさせてください。」
　　ⓑ 「預からせてください。」

ワーク2・1

ⓐ 「○○様が参られました。」
ⓑ 「○○様がお見えになりました。」

ⓐ 「本日はご来校いただきまして，ありがとうございます。」
ⓑ 「本日はご来校くださいまして，ありがとうございます。」

ⓐ 「どうぞお茶をお召し上がりください。」
ⓑ 「どうぞお茶を召し上がってください。」

② あいさつ

日常の会話，コミュニケーションは挨拶から始まり，挨拶に終わる。実習施設でのオリエンテーションの場合も同様である。

❶ こちらから声をかけるようにする

- 出会った時の最初のあいさつの言葉
  「おはようございます」，「こんにちは」，など，時間帯によって使い分ける。
- 別れる時
  実習中や実習オリエンテーションの時は，「本日はありがとうございました。失礼いたします」
- 部屋に入る時，退室する時
  「失礼（いた）します」

❷ 返事をする

言葉をかけられたら，まず，気持よく「はい」と答える。

❸ 実習オリエンテーションの場合

① <u>挨　拶</u>
② <u>自己紹介</u>（所属，氏名，かかわり）
　　「○○大学2年の○○と申します。この○月に，そちらの施設で，実習をさせて頂くことになっております。
　　（<u>相手の確認</u>　「○○先生でいらっしゃいますか。」）
③ <u>用件にはいる前に</u>
　　「お忙しいところ恐縮です。よろしくお願いいたします。」

・アポイントがない場合

「お忙しいところ申し訳ございません。今，お時間をいただいてよろしいでしょうか。」

④ <u>用　件</u>
⑤ <u>重要項目の再確認</u>
⑥ <u>最後に</u>

「お忙しいところ，（貴重な）お時間を頂きましてありがとうございました。今後ともよろしくお願いいたします。（それでは）失礼いたします。」

第3節　電話のかけ方

1　電話でアポイントをとる

❶　実習施設でのオリエンテーションの日程について，実習先の担当の先生に電話をかける場合。

◆　グループワーク（ロールプレイ）
　①　電話をかける学生はどのようなことに留意しますか。
　　　・電話をかける前に準備すること

ワーク2・2

ワーク2・2

② グループに分かれて，学生と担当者役になりロールプレイしましょう。
- 挨　　拶

- 自己紹介

- 担当の先生を電話口にお願いする

- 担当者の（今の）都合をたずねる

- 用件を話す

・重要事項について（もう一度）確認する

- 最後にお礼の挨拶をする

- （電話を切る）

③担当者が不在の場合はどうしますか。
- 電話をかけ直す場合

- 伝言をお願いする場合

❷ 実習園(実習施設)を自己開拓する場合。

① 電話をかける学生はどのようなことに留意しますか。
- 電話をかける前に準備すること

- 挨 拶

- 自己紹介

- 担当者を電話口にお願いする

- 担当者の(今の)都合をたずねる

- 用件を話す

- 重要事項について(もう一度)確認する

- 最後にお礼の挨拶をする

- (電話を切る)

ワーク2・3

② 実習先へ遅刻，欠勤の連絡をする場合

① 電話をかける学生はどのようなことに留意しますか。

第4節 手紙の書き方

　離れた人とのコミュニケーションの方法として，手紙，電話，電子メールなどがある。

　最近では，電話や電子メールの利用が多く，手紙（封書や葉書）のやりとりは，めっきり減ってしまった。しかし，大事な連絡やお世話になったかたへのお礼はやはり手紙により行うのが望ましい。学生時代に手紙を書く機会としては，実習先に送る礼状がある。ここでは，実習先への礼状を例に，手紙の書き方の基本を学んでおきたい。

　実習終了後，遅くとも2週間くらい迄に，実習先に御礼状を送るのが礼儀である。礼状に限らず手紙の文面にはスタイル（構成）があるので，基本的な書き方を身につけておくとスムーズに書くことができる。まず，一般的な手紙文の構成にふれ，その後の節で，礼状の書き方の基本を示す。

① 手紙文の基本構成

　手紙文は次のように構成される。

```
① 前 文 ： 頭語 ＋ 時候の挨拶，安否挨拶
② 主 文 ： 起辞 ＋ 本文
③ 末 文 ： 結びの挨拶＋結語
④ 後 付 ： 日付 ＋ 署名 ＋ 宛名
⑤ 副 文
```

❶ 前文について
　・頭　語　［手紙の書き出しの挨拶］
　　　例　拝啓，謹啓，等
　・時候の挨拶　←【改行】
　　　例　新緑の候，さわやかな秋晴れが続いております，等
　・安否挨拶
　　　例　いかがお過ごしでしょうか，お変わりございませんか，等

❷ 主文について
　・起　辞　［ここから用件に入ることを伝える言葉］　←【改行】
　　　例　さて，このたびは，等
　・本　文　［手紙の中心となる用件を具体的に記す］

❸ 末文について
　・結びの挨拶　［用件を一言でまとめる・相手の健康を祈る］←【改行】
　　　例　まずはお礼まで・ご健康をお祈り申しあげます，等
　・結　語　［手紙の最後にあたる言葉］　←【行末より1字分上で
　　　　　　　　　　　　　　　　　　　　　終わる位置に】
　　　例　敬具－「頭語」が拝啓か謹啓のとき（＊書き出しの「頭語」
　　　　　とセットで）

❹ 後付について
　・日　付　［手紙を書いた日付］　←【改行し上から1,2字分下げる】
　・署　名　［自分の姓名］　　　　←【改行して下部】
　・宛　名　［相手の姓名＋敬称］　←【改行して，本文よりやや大きめ
　　　　　　　　　　　　　　　　　　の文字】

❺ 副文について
　・本文で書けなかったことを記す
　　［原則として，目上の人への手紙や礼状では書かない。］
　　　　〈副文の書き出し例〉－追伸，再啓，など

② 礼状の書き方

❶ 便箋・封筒・筆記具
　実習終了後に実習園にお送りする礼状については，使用する便箋・封筒・筆記具についても失礼のないよう留意する。

原則として，縦書きの便箋（イラストなどが入っていない白いもの）と，縦長の白無地の封筒を用い，万年筆で記す。（細書きの水性ペンの使用も可，ボールペンは避ける。黒インク使用。）封筒は糊で留めること。（セロテープやシールは用いないこと。）くせ字に注意し，丸文字・漫画字とならないように丁寧に読みやすく記す。

❷ 書き上げた後に

必ず読み返して，心からの感謝の気持ちが十分に伝えられる内容となっているか，表現が的確であるかどうか，敬語や敬称に誤りがないか，誤字・脱字はないか，確認する。

❸ 基本構成

文面のスタイル（構成）は，基本的には前述の「[1]手紙文の基本構成の①〜④」と同様であるが，「②主文」のはじめにまず，「感謝の挨拶」を加える。

① 前　文　：　頭語　＋　時候の挨拶，安否挨拶

　例　拝啓
　　　　秋の深まりが感じられるようになってまいりました。
　　　　先生方みな様にはますますご健勝のことと，お慶び申し上げます。

② 主　文　：　起辞　＋　本文

　例　このたびの〇〇実習中には，ひとかたならぬご指導をいただき心より感謝申し上げます。

　　　続けて，＜実習を通して学んだことや心に残った具体的エピソードを 記してお礼を述べる。＞

③ 末　文　：　結びの挨拶　＋　結語

　例　今後とも，どうかご指導を賜りますようお願い申し上げます。末筆ながら先生方のご清祥をお祈り申し上げます。
　　　　　　　　　　　　　　　　　　　　　　　　　　敬具

④ 後　付　：　日付　＋　署名　＋　宛名

ワーク2・5

◆ 礼状を作成してみよう

実習のお礼状の練習として、礼状の見本の点線で囲まれた部分を補って記しなさい。

① 頭　語
② 主文にあたる「今回の実習を通して……」に続く部分を、あなた自身の実習を振り返ってまとめる
③ 結　語

礼状の見本

①
日増しに秋も深くなってまいりました。（　or　紅葉の美しい季節となりました　等）

○○園におかれましては、先生方皆様おかわりなくお過ごしのこととと存じます。

このたびの○○実習では、大変お世話になり、ひとかたならぬ御指導をいただきましてありがとうございました。心より感謝申し上げます。

先生方のお陰で、実りある実習を行うことができました。

今回の実習を通して

② 主　文

実習中を振り返って、印象に残ったこと、実習中に学んだこと、反省点など

これからはこの貴重な経験を生かし、さらに勉強を続けていきたいと考えております。今後ともご指導くださいますようお願い申し上げます。

末筆ながら、先生方皆様のご健康とご活躍をお祈り申し上げます。

③

平成○○年○○月○○日

○○○○園　【　↑施設名　】
○○大学○○○学科　一年　○○○○　【　↑氏名　】

園長（or 施設長）　○○○○　先生

| ワーク2・6 | ◆ 封筒の表書き・裏書きを練習してみよう
封筒の「表書き・裏書き」の見本を参考にして,ワークの封筒(実物大)に,全体のバランス(字配り)を考えながら楷書で丁寧に記してみなさい。 |

封筒の表書き

〒□□□-□□□□

東京都板橋区前野町 ○丁目 ○番地 ○号
○○法人△△園
園長 ○○○○○ 先生

封筒の裏書き

〒
○○県○○市○○町○丁目 ○番地 ○号
○○大学○○学科○コース 一年
○○○○

封筒（表）

□□□-□□□□

封筒（裏）

◆ 手紙に使う時候の挨拶

① 古くから手紙の形式として使われている「〜の候，〜のみぎり」のパターン

　例　陽春の候，○○様にはますますお元気でお過ごしのことと推察いたします。（4月）

② 「①」を現代的に直した「〜のころ，〜の季節，〜折から」のパターン

　例　若葉の美しいこのごろ，皆様，お変わりなくお過ごしでいらっしゃいますか。（5月）

③ 時候のあいさつを一文で言い切るパターン

　例　日増しに秋も深くなってまいりました。（10月）
　　　師走に入り，何かと気ぜわしい今日このごろとなりました。（12月）

▶1月　初春　新春　厳寒　寒冷　大寒　酷寒　厳冬の候
　　　輝きに満ちた新年をお迎えのことと
　　　寒気ことのほか厳しき折から
▶2月　余寒の候　春立つとは申せ　余寒なお厳しき折から
　　　春寒やや緩み
▶3月　早春　軽暖の候　春まだ浅いこのごろ
　　　柳の緑もけむり始め　山野春光に満つ
　　　日一日と春の訪れを感じるこのごろ
▶4月　春暖　陽春の候　春眠暁を覚えずとか申します
　　　春日遅遅として　春もたけなわの折から　葉桜の季節
▶5月　新緑　惜春　暮春の候　寒さもようやく衰え
　　　若葉の美しいこのごろ　薫風渡る五月の空
　　　青葉が目に鮮やかな季節
　　　鯉のぼりが清々しい空にたなびく季節になりました
▶6月　麦秋　梅雨　夏至　入梅　向夏の候
　　　梅雨の蒸し暑い日が続きます
▶7月　盛夏　酷暑の候　暑さ厳しき折から

資料

　　　　　夕顔の花の薫るころ

▶8月　炎暑の候　　残暑厳しき折から　　朝夕しのぎやすく
　　　夜空の美しさにも季夏（晩夏）を思わせます
　　　立秋を過ぎたとはいえ暑い日が続きますが
▶9月　初秋の候　　虫の音美しいころ
　　　秋立つ風もさわやかなころ
　　　澄み渡った空が秋の訪れを感じさせる今日このごろ
▶10月　秋冷　錦秋の候　清爽のみぎり
　　　日増しに秋も深くなってまいりました
　　　秋気いよいよ清く　秋の夜長　豊年
　　　紅葉の美しい季節となりました
▶11月　晩秋　　向寒　　冷雨　　深秋　　暮秋の候
　　　落ち葉散りしくころ　　ゆく秋の感慨はまたひとしおです
　　　菊の花が薫るころ　　小春日和　　立冬
▶12月　初冬の候　厳寒の候　酷寒のみぎり　寒冷のみぎり
　　　大寒に入り寒気相募り
　　　冬枯れて庭に置く霜も日ごとに厳しく
　　　歳末ご多用の折から　　冬至を過ぎて　　年の瀬も近づき
　　　年末をひかえ　　越年　　短日　　霜夜　　木枯

　　　　　　　　　　　　　　　（『手紙の書き方』浜島書店より）

第3章 服装と身だしなみ

第1節　学校内での服装と身だしなみ

① 服装には人間性があらわれる

　マナーとは周囲の者に対して「好感を与える振る舞い」のことをいう。つまり，良好な人間関係を築くためには，正しいマナーを理解している必要がある。学校生活を有意義に過ごすためにも，学校で自分と関わる多くの人たちと良好な人間関係を築くことが大切といえ，マナーが重要な役割を担ってくる。学校に入学した目的を達成し，自分の将来の夢を実現させるためには，「学生としてのマナー」を守ることによって，学習をスムーズに進めることが必要になってくる。マナーの中でも特に，服装や身だしなみは，人と出会って最初に目につくものであり，その人の人間性（人がら）を表わすものとみなされるので，十分に気をつけなければならない。

② 服装には意欲があらわれる

　学校生活において服装や身だしなみのマナーを守る必要性は，ただ単に見た目が学生らしいからということではなく，そうした服装や身だしなみには学習を進めていく「姿勢や態度（意欲など）」が表れてくるからである。学校には，遊び（おしゃれを披露するため）に来ているのではなく，知識や技術を学習するためにきていることを忘れてはならない。学生らしい服装と身だしなみを守り授業に集中することは，①将来，プロの対人援助職になる（資格を取得する）ために，また②講義をしてくださる教師に対する最低限の礼儀を守り，より良い人間関係を築くためにも，とても重要なことである。

③ 服装と身だしなみのポイント

　学校内における服装と身だしなみのポイントは，①周囲の人にすがすがし

い印象をもたれ，②だらしなく思われないようにし，③学生らしい健康的な印象にすることである。

❶ 周囲の人にすがすがしい印象をもたれるポイント
　① スカートやパンツの裾が短かすぎるものは避ける。
　② 露出度の高い服の場合，教室内では上着をはおるようにする。
　③ 靴のかかとの高すぎるものや，スリッパやサンダルは避ける。
　④ 教室内では帽子を脱ぐ。
❷ だらしなく思われないようにするポイント
　① ボタン，ホックなどがはずれていないかチェックする。
　② スカートの裾がほつれていたり，しわがないかチェックする。
　③ パンツの裾が長すぎて踏んでいないかチェックする。
　④ へそやお尻が見えたり，下着が見えていないかチェックする。
❸ 学生らしい健康的な印象にするポイント
　① アイシャドー，口紅は濃くなり過ぎないようにする。
　② ヘアスタイルはあまり派手にならないようにする。
　③ 襟ぐりの深いTシャツは避ける（ブラジャーのヒモや胸の谷間が見えることは，恥ずかしいことである）。
　④ 白い服は下着が透けて見えるので，下着の色にも気をつける。

ボサボサの髪
ダボダボのスウェット

派手でけばけばしい服
かかとの高い靴

穴の開いたジーパン
だらしない服

第 2 節　実習での服装と身だしなみ

　実習中の服装は，実習施設までの行き帰りに着る「通学着」と，実習施設内で着る「実習着」の両方に気を配る必要がある。ここでは，実習中における基本的な服装と身だしなみについて提示するが，各実習施設にはそれぞれ特有の注意点があるので，施設の実習担当者に事前に確認をして，それに従い準備をすることが大切である。

１　実習施設までの通学着

　実習生として，あるいは保育者や援助者として，誰が見ても清潔感があり，好感をもたれる服装に心がける。「実習中は実習着に着替えるので，通学着は何を着てもいいのではないか」と考える学生が多いが，施設の更衣室に着くまでは通学着のまま施設内を歩くことになる。その時に，施設職員，園児や利用者，あるいはその家族の方々とも出会い，見られることになる。よって，通学の時から実習は始まっていると考え，通学着においても適切な服装や身だしなみに気をつけなければならない。

　できれば実習前の事前訪問やオリエンテーションの時に，通学着についてもあらかじめアドバイスを受けておくと良い。流行の服装ではなく，スーツを基本に準備すると良い。

　実習の事前訪問やオリエンテーションには，どのような服装・身だしなみで行くべきでしょうか？
　それらの理由についても考えてみましょう。

ワーク3・1

Q ❓❓❓ 学生の疑問　「普通の服ってどんな服？」

施設の方から通学着は「私服でいいですよ」と言われたので，私服で行ったら，「そんな派手な服ではなく，普通の服で」と言われて注意されてしまいました。どのような服でいけば良いのですか？

A 🅐🅐🅐 先生からの返答

私服でいいと言われたので，皆さんはいつもの服装（たとえば，肌が露出しているものや超ミニスカート，あるいはスウェットにサンダル履きなど）で行ってしまったのですね。施設の方にとっての私服は，「社会人としての私服」，「実習生としての私服」という意味だったと思います。

施設の方が望んでいる私服は，以下のようにしてみるといいでしょうね。たとえば，インナーはあまり派手な色ではなくて，胸元があまりにも開いていないのであれば，どのようなものでもいいので，「ジャケットを一着」用意して，それをはおるようにするといいのではないでしょうか。そのジャケットの色は，紺色や茶色，ベージュ，グレーといった落ち着いた色のものが良いでしょう。スカートは，ジャケットと同じ色や素材でなくてもいいですが，あまり短すぎたり，長すぎたりしない方がいいですね。

派手でないインナー
落ち着いた色のジャケット
短すぎないスカート

☆好印象を与える通学着について，ＴＰＯから考えてみよう。

Time 実習への通学の時間帯を考え，露出度の高い華やかな服，ヒールの高い靴，過剰なアクセサリーは避ける。

Place 園外も保育や援助の場であると意識し，地域や家族の方々にも好感をもたれるよう，身だしなみや歩き方にも気を付ける。

Occasion 実習生といえ，他者を保育・教育し援助・支援するプロとしての意識を持ち，社会人としてのマナーを守る。

② 実習施設内での実習着

実習施設内において望ましい実習着の基本ポイントは，「機能性」（その場にふさわしく，活動しやすいもの）・「安全性」（対象者の安全に配慮したもの）・「清潔」（好感をもたれる清潔なもの）の３つである。

基本❶： その場にふさわしく，活動しやすいもの
　派手で華美な服装は良くないが，地味であれば良いというものでもない。また，施設の雰囲気に合わない，対象者に違和感を与える服装も好ましくない。対象者のための「生活の場」であることを常に考える必要がある。さらに，保育者・援助者として相手と関わっていくので，行動に制限が出るような服装は避け，活動しやすく，汚れても大丈夫なものを選ぶ。

基本❷： 対象者の安全に配慮したもの
　保育や援助を行う際の服装は，対象者の安全や健康を第一に考えなければならない。たとえば，対象者の皮膚は私たちが思う以上にデリケートであり，傷つきやすく事故がおきやすいので，アクセサリーや香水をつけてはいけない。また，対象者は予想外の行動を取ることが多いので，突発的な出来事にも適切に行動できるように，身だしなみを整える必要がある。

基本❸： 好感を持たれる清潔なもの

　施設内にいても，いろいろな人と接しながら実習を行うことになる。援助の対象者である園児・利用者だけでなく，保育士・介護福祉士や，他職種である栄養士や医療従事者，ボランティアの方々など，また園児や利用者の家族などと出会うことになる。性別や年齢層が異なり，その役割や考え方も違う人々に好感を持たれるためには，服装の好みを自分中心に考えてはいけない。学習させていただくために来ている「実習生としての立場」を考え，周囲が不快にならず受け入れやすい身だしなみにすることが大切である。

　また，実習中はさまざまな介助を行い，また遊びやレクリエーションなどを一緒に行うために，実習着が汚れやすくなる。また，夏季の実習においては発汗により不潔になりやすいので，洗濯を頻繁に行い，清潔感のある服装に心がけなければならない。

事例

❶ 服の中に隠れているので見えないから大丈夫だと思い，ネックレスをしたまま介護実習をしていた。だが，ベッドから車椅子への移乗動作介助中に，高齢者が拒否し暴れてしまい，その反動でネックレスに手がかかりネックレスが切れ，高齢者の目にあたってしまった。

❷ ネイルアートが趣味で，爪を伸ばしていたいが保育実習なので少しだけ前日に切った。だが爪がとがっており，また後始末も悪かったようで，子どもと楽しく遊んでいる時に，子どもの頬に手があたり，頬に傷をつけてしまった。

他にも……

○ 食事援助中に，つけまつげがはずれてお茶碗の中に落ちてしまった。
○ 長い髪を結ばなかったために，髪の毛が援助者の顔や目にあたり，怒られてしまった。

第3章　服装と身だしなみ

ワーク3・2

「実習に一緒に行く友人が，茶色の髪やピアス，マニキュアを取りたくないと言っています。おしゃれと身だしなみの違いを含めながら，あなたなら，どのように友人に話をしますか？
　①対象者（子どもや利用者），②家族，③施設職員の立場になって考え，友人を説得してください。」

☆好印象を与える実習着について，TPOから考えてみよう。

Time　子どもたちと活発に遊んだり，高齢者の介助を行う時間である。運動性や機能性に富んだ服装や髪型にしなければならない

Place　子どもや高齢者の生活を支えていく場である。保育や援助に支障をきたし，危害を与える可能性のあるアクセサリーや持ち物はふさわしくない。

Occasion　子どもたちや高齢者と信頼関係を築き，親密感や愛着心をもってもらえるようなスタイルをこころがける。

★好ましくない服装

① Gパン，スウェット，ミニスカートなど，活動しにくい，一種のファッション着
② 夏季の服装：ノースリーブやタンクトップなど，肌の露出の多いもの
③ 冬季の服装：セーター，フード付の上着，スタジャン
④ 上履き：サンダル・スリッパ

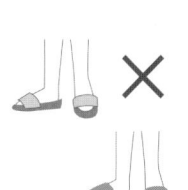

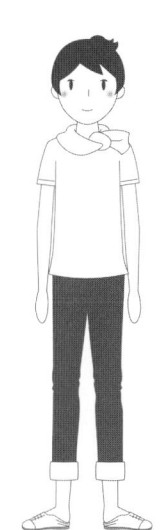

☆実習前　服装チェックシート

鏡を見てチェックしましょう

項　目	チェックポイント	男性	女性
頭　髪	清潔であり乱れていませんか	☐	☐
	前髪が目にかかっていませんか	☐	☐
	髪の色は明るすぎませんか	☐	☐
	長い髪は束ねていますか		☐
	ヘアアクセサリーが目立ちすぎていませんか		☐
顔	メイクが濃すぎませんか		☐
	口臭はありませんか	☐	☐
	鼻毛や髭が伸びていませんか	☐	
手	爪は清潔できちんと短く切ってありますか	☐	☐
	マニキュアは落としていますか		☐
服　装	職場に調和したデザインですか（服・エプロン）	☐	☐
	汚れ，しわ，ボタンがとれかかっていませんか	☐	☐
	名札はよく見えるようにつけていますか	☐	☐
	ポケットがふくらむほど物を入れていませんか	☐	☐
	アクセサリーをはずしていますか	☐	☐
足　元	靴下は清潔で，派手ではありませんか	☐	☐
	安全で，脱ぎ履きの楽な，滑りにくい靴ですか	☐	☐
	靴のかかとを踏んでいませんか	☐	☐
その他	香水や，たばこのにおいがしませんか	☐	☐
持ち物	ハンカチ・ティッシュ・タオル・ビニール袋・筆記用具	☐	☐
	汚れた時のための着替え	☐	☐

（『介護福祉スタッフのマナー基本テキスト』参照）

チェック後，背筋を伸ばし，優しい「笑顔」で仕上げましょう

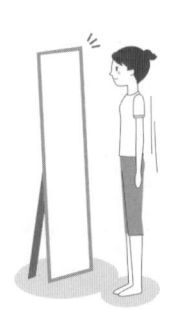

☆実習中の身だしなみのポイント

① 髪……基本的にカラーリングはやめ，頻繁に髪に手をやらなくても良いスタイルにする。つまり，前髪やサイドが顔にかかり過ぎずに，すっきりと顔が出るようにする。
ロングならおくれ毛が出ないように，きちんと結ぶ。

② 顔……（女性）化粧は，健康的な印象を与えるナチュラルメイクにする。
（男性）無精ひげや，鼻毛に注意をする。

③ 手……爪は短く，ひっかかりがないように切る。手に傷をつくらないように，日頃から手入れをしておく。手洗いの回数が多くなるので，手荒れが心配な人はハンドクリームを持参する。

④ 服装……汚れやほころび，しわのないように（襟，袖口にも気をつける），洗濯した清潔なもので，サイズの合ったものを着用する。

第3節　就職活動での服装と身だしなみ

1　短い面接時間では，第一印象が重要

「面接は人柄をみるんだから，それほど服装に気を付けなくてもいいだろう」とか，「面接なんだから自分らしく個性をアピールしたり，印象深くするため，できるだけ目立つようにしよう」などという考え方は間違っている。身だしなみは「社会人としてのマナー」であり，服装はその人の「常識」や「性格」を判断するための重要な基準であることを忘れてはいけない。
　確かに，面接は会話の内容や意欲も大切だが，短い面接時間だからこそ第

一印象が重要である。一般的に第一印象は 6 〜 10 秒位で決まるといわれている。つまり、「面接時の最初の挨拶の仕方」、「服装や身だしなみ」が判断材料となり、第一印象が決まってくる。その時に感じた先入観や感情によって、その後の面接内容が方向づけられていくので、最も気をつけなければならない。

②　女性スーツの基本

❶　色　柄《　どれが好ましいですか？　》
①（　　　）黒またはグレーの無地
②（　　　）極端に明るい色や柄物
③（　　　）金ラメの入った黒色

※　黒・紺またはグレーの無地といったオーソドックスな色の方が、面接官からすると安心感があり、印象よく感じる色である。濃い色の方が顔映りも良いというメリットがある。

❷　素　材
　　天然素材のウールが最も基本的であるが、シワになりにくい素材を選ぶようにする。

❸　デザイン《　どれが好ましいですか？　》
④（　　　）フレアタイプやキュロットタイプのスカート
⑤（　　　）極端なスリットなどがないベーシックなタイトスカート
⑥（　　　）おしゃれな立ち襟のデザイン
⑦（　　　）ボタン型ではなくジッパー型のデザイン

※　上着のデザインは大人っぽい印象の一つボタン、スタンダードな二つボタン、胸元が浅く初々しい印象の三つボタンのデザインの中から、好みで選んで構わないが、自分の個性に合っているものを選んだ方が好印象である。

❹　インナーの色柄《　どれが好ましいですか？　》
⑧（　　　）白、ブルー、ピンクなどの淡い色の無地
⑨（　　　）派手な色柄のものや華美なデザイン
⑩（　　　）黒や茶色の地味な色

※ 清潔感があれば，インナーはシャツでもカットソーでも良い。しかし，あまり胸が広く空きすぎていない方が好印象である。

❺ **シューズ** 《 どれが好ましいですか？ 》
⑪ （　　　）ハイヒールやミュール
⑫ （　　　）ヒールの高さが5cm程度のプレーンな黒のパンプス
⑬ （　　　）派手な色やアニマル柄のパンプス
⑭ （　　　）履き慣れたサンダルや運動靴

※ 慣れない靴は疲れやすく，靴ズレを起こしやすく，歩く時の姿勢が悪くなってしまうので，柔らかい素材で，クッション性の良いものを選ぶ。

❻ **バッグ** 《 どれが好ましいですか？ 》
⑮ （　　　）ブランドのロゴ入りや，凝ったデザインのバッグ
⑯ （　　　）カジュアルタイプのバッグ
⑰ （　　　）実用的なナイロン製の黒無地のシンプルなデザインのバッグ
⑱ （　　　）派手な色のおしゃれなバック

※ 椅子に座る場合は，バッグを膝に乗せずに床に置くので，床に置いても自立するタイプが良い。
　女性用のバッグの場合，持ち手の部分が長く，肩に掛けるタイプが多いが，相手先に着いた後は肩からはずし手に持つ。

❼ **メイク** 《 どれが好ましいですか？ 》
⑲ （　　　）健康的なナチュラルメイク
⑳ （　　　）ノーメイク
㉑ （　　　）個性的な派手なメイク

❽ **ストッキング** 《 どれが好ましいですか？ 》
㉒ （　　　）華美な色柄や網タイプのストッキング
㉓ （　　　）自然な肌色のストッキング
㉔ （　　　）黒色のタイツタイプのストッキング
㉕ （　　　）素足

❾ アクセサリー
※ 原則として，時計以外のアクセサリーを着けないのが一般的である。

第4節　身だしなみが映える動作としぐさ

1　美しい姿勢の基本

　服装と身だしなみだけに気を配っていても，それを着ている時の動作がだらしなくては，整えた服装や身だしなみが台無しになってしまう。美しく見える動作としぐさを行うためには，まず「美しい姿勢」を保つことが必要である。

❶ 座っている時の美しい姿勢

- 背筋をきちんと伸ばす
- 深く腰掛けて背中をまるめない
- 足底部をすべて床につける
- ひじは張らずにももの上に置く
- 膝をきちんと閉じる

　美しい姿勢を保つためには，自分の姿勢に関心を持ち，周囲の人からどのように見られているのかを意識するようにして，自分の姿を鏡の前でチェックすることが一番大切である。その時，自分の表情についても，確認する習慣をつけると良い。

第3章　服装と身だしなみ　　47

❷　立っている時の美しい姿勢

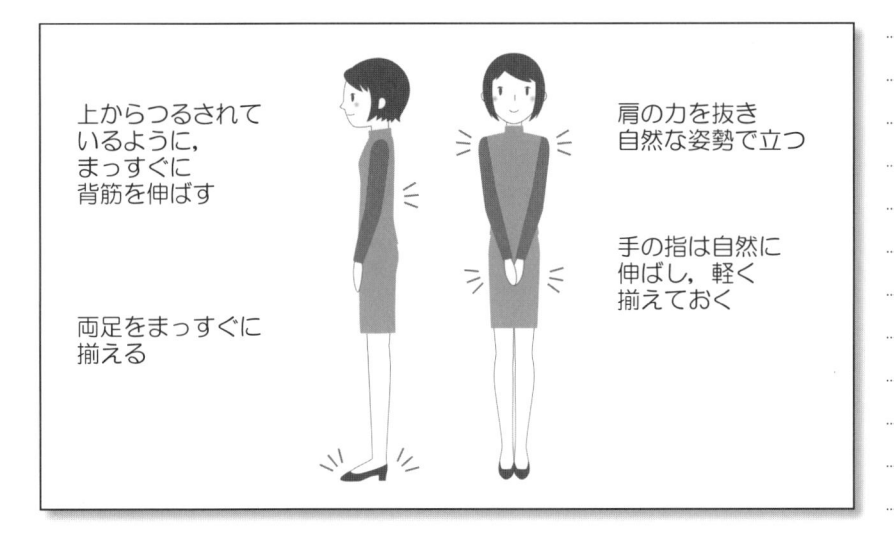

上からつるされて
いるように，
まっすぐに
背筋を伸ばす

両足をまっすぐに
揃える

肩の力を抜き
自然な姿勢で立つ

手の指は自然に
伸ばし，軽く
揃えておく

2　美しい歩き方の基本

　美しく歩く時の基本は，「美しい立ち姿」をキープすることである。足だけを前に出さずに，胸から下が足であるという感覚で，腰と足を一緒に前に出すように歩く。上半身が固定されていると落ち着いた上品な雰囲気になる。

目線はまっすぐ
前に向ける

背筋をピンと伸ばし，
正しい姿勢を保つ

肩や上半身を
揺らさずに歩く

1本の線を
挟むように

3　気持ちの良い挨拶の基本

　人と出会い，最初に行うのが挨拶である。「美しい姿勢」と「素敵な笑顔」で行う，気持ちの良い挨拶の仕方を習得することが大切である。挨拶には，「おはようございます」「こんにちは」「こんばんは」という日常的に交わす言葉や，

「よろしくお願いいたします」というお願いの言葉,「ありがとうございました」という感謝の気持ちを伝える言葉,「申し訳ございませんでした」というお詫びの言葉などがある。

　どの場面においても,きちんと指を伸ばして揃え,自然な動作で腰から折るようにおじぎをしながら挨拶を行う。そして,挨拶は誰に対しても自分から,笑顔で行うようにすると,相手に好印象を与える。

① 挨拶を行う前後には,相手の顔を自然に見る。

② 気持ちを込めて挨拶の言葉を言う。

③ おじぎはゆっくり腰から曲げる。

④ イスに座っているときは,必ず立ち上がって挨拶を行う。

4 おじぎの種類

　おじぎは，背筋を伸ばして正しい姿勢になり，丁寧にゆっくり行うことが基本である。おじぎの種類には草礼（会釈）と行礼（中間礼），真礼（最も丁寧な礼）がある。

❶　草礼（会釈）
ほんの少し上体を傾けて行う礼。立ち姿から指先を5〜6cmほど膝頭に向かって下げる。決して首だけを曲げず，背筋を伸ばしたまま前に傾ける。

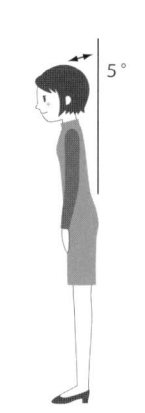

5°

○受付や廊下などで，人とすれ違う時の礼

❷　行礼（中間礼）
太ももの半分あたりまで手のひらが下がるようにおじぎをする。背筋を伸ばしたまま，腰から上体を曲げて，ごく自然に傾ける。

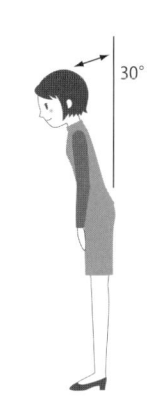

30°

○最も一般的に行われる礼

❸　真礼（最も丁寧な礼）
両方の指先が膝に届くくらいまで深く下げる。角度は約45度まで体を倒す。ゆっくりと頭を下げていき，一番下まで行ったところで，一度軽く停止する。その後，静かに頭を上げていく。おじぎの始めから終わりまでは，5呼吸程度で行う。

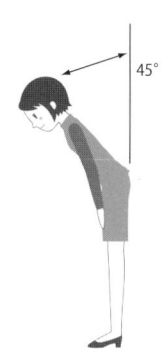

45°

○最も大切な時に行うけじめの礼

篠田弥寿子『女性の美しいマナー』成美堂出版　2003

■参考文献

実習ガイドブック編集委員会『ポイントで解説　幼稚園・保育所・福祉施設実習ガイドブック』みらい　2004

米谷美和子・福田勝恵『キラッと光る保育者のマナー』ひかりのくに　2005

対人援助実践研究会HEART編『対人援助実習サポートブック』久美出版　2003

森眞理・日浦直美『保育者のマナー』チャイルド本社　2006

田中知惠子『介護福祉スタッフのマナー基本テキスト』日本能率協会マネジメントセンター　2006

篠田弥寿子監修『女性の美しいマナー』成美堂出版　2003

第4章 家事―衣食住にかかわる日常の仕事

　　保育・福祉の仕事の中心は，対象者の日常生活への援助であるといってよい。

　保育者の仕事は，子どもと生活をともにし，子どもにとって安心感のある生活を保障しつつ，遊び・生活を援助し，それを通じて子どもの成長発達を促す事である。例えば保育所では乳幼児に対して，食事，清潔，排泄などの援助をしつつその自立を促す働きかけを行なう。児童養護施設など入所型の施設では，食事の準備と世話，掃除，洗濯など一般に家庭で親がやっている家事も保育士や児童指導員の重要な仕事である。したがって，実習でも，子どもとかかわる力とともに，家事能力が必要である。

　高齢者や障害者を対象とした介護援助においても，生活支援（家事援助）は対象者の健康の維持増進や日常生活動作の自立度を上げ，さらには自己実現や生きがいを支える役割回復にもつながりうる重要な支援である。在宅介護であろうとも施設介護であろうとも，一人ひとりの対象者の生活（衣・食・住）のあり方に合わせた援助によってはじめて，その人の「生活の質」が高まりうる。個別性を重視した家事に関する援助を行うためには，基本的な調理の仕方，掃除の仕方，洗濯の仕方についての知識・技術が求められるといえる。

　よって，保育・福祉の専門職をめざす学生は，家庭でも家事を積極的に分担し，家事能力を向上させておきたい。ここでは，そのための学習を行なう。

第1節　食事の準備

　食事の準備では，栄養面に配慮したおいしい料理を，限られた時間内に衛生的に作ることが大切である。

1　栄養面に配慮したおいしい料理を作る

❶ 栄養面

①　材料を整える（買い物をする）ときには，次の「6つの基礎食品」の各グループの食品が揃うように選ぶ。

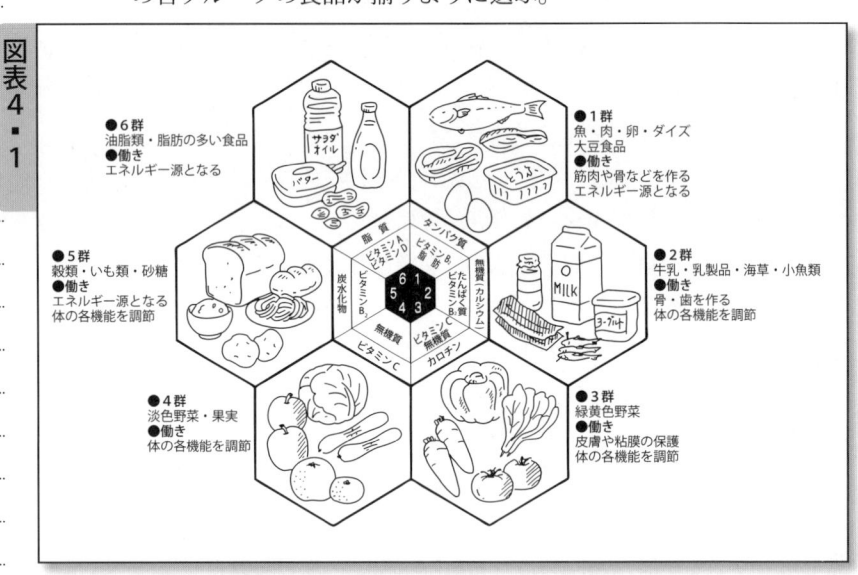

図表4・1

②　準備した材料を使って食事を整える。毎食の献立として，主食・主菜・副菜を揃えることが基本である。さらに，間食などに牛乳・乳製品と果物を加える。

区分	料理区分
主食	炭水化物の供給源であるごはん，パン，パスタなどを主材料とする料理
主菜	たんぱく質の供給源となる肉，魚，卵，大豆製品などを主材料とする料理
副菜	各種ビタミン，ミネラルおよび食物繊維の供給源となる野菜，いも，豆類（大豆を除く），きのこ，海藻などを主材料とする料理
牛乳・乳製品	カルシウム源である牛乳，ヨーグルト，チーズなど
果物	ビタミンC，カリウムの供給源である果実および果実的野菜（スイカなど）

❷ おいしく作るために
① 調理法や様式（和風，洋風，中華風）を変化させる
　特に，主菜の材料（肉，魚，卵，大豆製品）が重複しないように注意し，調理法（生，茹でる，煮る，蒸す，焼く，炒める，揚げるなど）を工夫して献立に変化をもたせる。
② 料理の温度に配慮する
　温かい料理，冷たい料理を適温で食べられるように工夫する。

② 時間内に作るために

❶ 食事の予定時刻から逆算して調理作業の時間を配分する
　調理作業を大きく分けると，①下調理，②主調理（加熱），③盛り付けである。②の加熱は，料理ごとに一定時間が必要であり（生焼け，生煮えなどを避けるため），短縮は難しい。一方，①下調理と③盛り付けは手早く行うことで時間を短縮でき，熟練者と非熟練者で時間の差が生じやすい。調理作業の時間を配分するときは，まず②の加熱の所要時間を予測し，③の盛り付け時間を考慮して食事予定時刻の何分前から加熱を開始したらよいかを決める。ここで決めた加熱開始時刻と作業開始時刻の間の時間が①下調理に使える時間である。
　作業の準備として，必要な食材や器具を確認しておくことが大切である。また，野菜の洗浄などまとめてできる作業は一度に行い，動きの無駄をなくすようにする。

❷ 材料の切り方
　下調理の中でも特に材料を切る作業は，熟練者と非熟練者で時間の差が生じやすく，日頃からの経験が重要である。
　材料を切るときは料理の見た目や，歯ごたえなどの食べやすさ，火の通りやすさなどを考え，材料の状態や食べる人に合わせた大きさや形に揃えることが大切である。

図表4-2

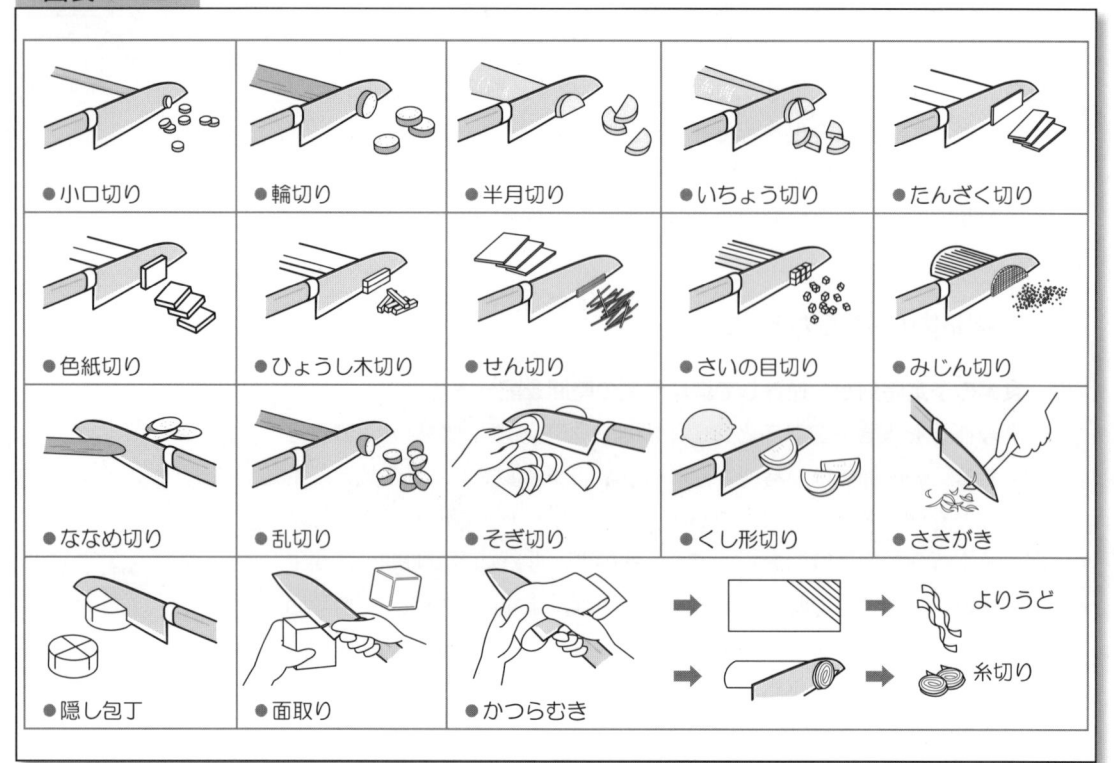

●小口切り	●輪切り	●半月切り	●いちょう切り	●たんざく切り
●色紙切り	●ひょうし木切り	●せん切り	●さいの目切り	●みじん切り
●ななめ切り	●乱切り	●そぎ切り	●くし形切り	●ささがき
●隠し包丁	●面取り	●かつらむき	●よりうど	●糸切り

ワーク4・1 主食，主菜，副菜の料理例として知っているものを挙げてみよう。

区　分	料　理　例
主　食	
主　菜	
副　菜	

ワーク4-2

おいしい食事を作るためには，料理の幅を広げてレパートリーを増やすことも必要である。そこで，以下の主菜の主材料と様式の組み合わせの一覧表にあてはまる料理を考えてみよう。

主菜の材料	様式	料理例
肉	和	
	洋	
	中	
魚	和	
	洋	
	中	
卵	和	
	洋	
	中	
大豆製品	和	
	洋	
	中	

ワーク4-3

以下の料理の組み合わせパターンを参考にして，朝食，昼食，夕食の献立を考えてみよう。
（ワーク1, 2で挙げた料理をバランスよく組み合わせる）

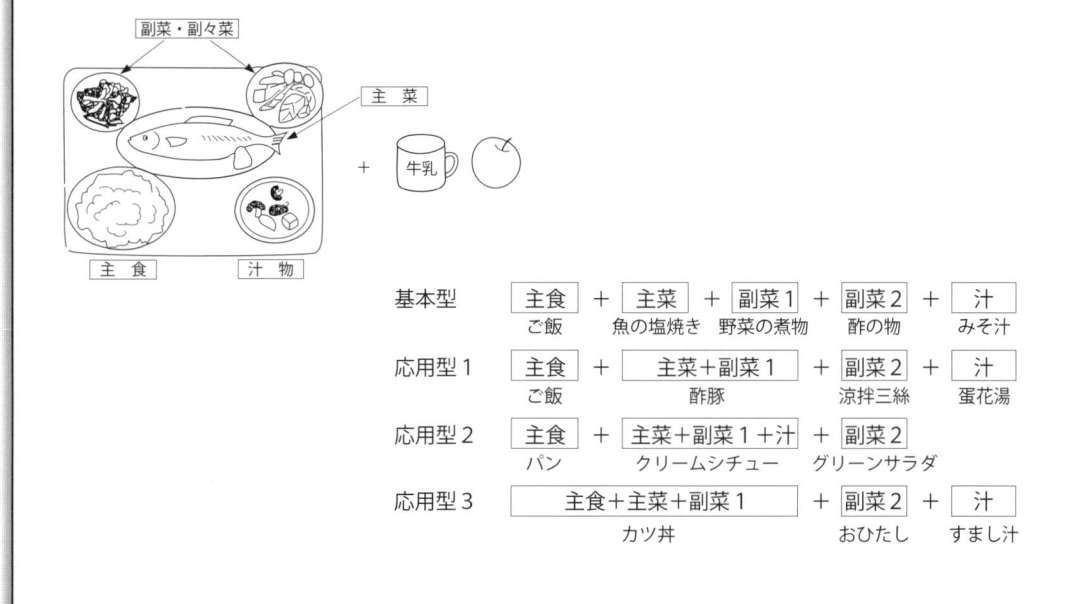

基本型　　主食　＋　主菜　＋　副菜1　＋　副菜2　＋　汁
　　　　　ご飯　　魚の塩焼き　野菜の煮物　酢の物　　みそ汁

応用型1　主食　＋　主菜＋副菜1　＋　副菜2　＋　汁
　　　　　ご飯　　　酢豚　　　　涼拌三絲　　蛋花湯

応用型2　主食　＋　主菜＋副菜1＋汁　＋　副菜2
　　　　　パン　　クリームシチュー　グリーンサラダ

応用型3　主食＋主菜＋副菜1　＋　副菜2　＋　汁
　　　　　　カツ丼　　　　　おひたし　　すまし汁

ワーク4・3

	組み合わせパターン （該当するものに ○印をつける）	献立（料理名）	配膳図
朝食	基本型 応用型1 応用型2 応用型3	主　食： 主　菜： 副　菜： 汁　物： その他：	
昼食	基本型 応用型1 応用型2 応用型3	主　食： 主　菜： 副　菜： 汁　物： その他：	
夕食	基本型 応用型1 応用型2 応用型3	主　食： 主　菜： 副　菜： 汁　物： その他：	

ワーク4－4

ワーク4－3で考えた献立（夕食）を食事予定時刻までに仕上げるためには、どのような手順で進めたらよいか考えてみよう。

① 下調理：材料を洗う，切るなどの作業
② 主調理：煮る，炒めるなど主に加熱をする作業

例　ごはん，豚肉のしょうが焼き（付け合せ：せん切りキャベツ，トマト），ほうれん草のごま和え，大根と油揚げの味噌汁

作業区分		料理名	調理開始時刻 :	:	:	:	:	:	食事予定時刻 :
①下調理	主　食	ごはん							
	主　菜	しょうが焼き							
	副　菜	付け合せ ごま和え							
	汁　物	みそ汁							
	その他								
②主調理	主　食	ごはん							
	主　菜	しょうが焼き							
	副　菜	付け合せ ごま和え							
	汁　物	みそ汁							
	その他								
③盛付け	主　食	ごはん							
	主　菜	しょうが焼き							
	副　菜	付け合せ ごま和え							
	汁　物	みそ汁							
	その他								

ワーク4・4

作業区分	料理名	調理開始時刻 :	:	:	:	:	:	食事予定時刻 :
①下調理	主　食							
	主　菜							
	副　菜							
	汁　物							
	その他							
②主調理	主　食							
	主　菜							
	副　菜							
	汁　物							
	その他							
③盛付け	主　食							
	主　菜							
	副　菜							
	汁　物							
	その他							

ワーク4・5

普段よく食べる料理の材料は，どのような切り方をされていることが多いか思い出し，その切り方の名称と手順を確認してみよう。

例　きんぴらごぼう，ポテトサラダ，かぼちゃの煮物，肉じゃが，筑前煮（鶏肉，にんじん，たけのこ，ごぼう，しいたけなど），カレーライス，おでん，大根のみそ汁，野菜炒め

③ 衛生的に作るために

食事の準備では，食中毒を予防することが重要である。
食中毒予防の原則は，次の３項目である。

① 細菌をつけない ＝ 清潔にする
② 細菌を増やさない ＝ 温度管理（すぐ冷やす），作ったらすぐ食べる
③ 細菌を死滅させる ＝ 十分加熱する。ウィルスや一般細菌は，80℃，10分の煮沸で死滅する

図表4-3

☆細菌の増殖数（至適条件）

経過時間（時間）	一般細菌大腸菌（個）	腸炎ビブリオ菌（個）
0	1	1
1	8	64
2	64	4,096
4	4,096	1,677,216
6	262,144	68,719,476,736

☆細菌の好適温度

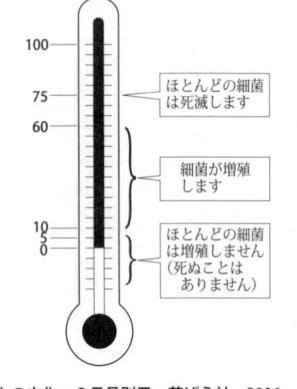

100
75 — ほとんどの細菌は死滅します
60 — 細菌が増殖します
10
5 — ほとんどの細菌は増殖しません（死ぬことはありません）
0

安藤節子「子どもの食事・食育・発達」『食べもの文化』9月号別冊　芽ばえ社　2006

ここでは特に，①細菌をつけないために，どのように食事の準備をしたら清潔なのかを説明する。

❶ 身支度

清潔なエプロンを着用する。髪をまとめ，三角巾やバンダナで覆う。爪は短く切り，マニキュアを塗らない。肘まできちんと腕まくりをする（作業中に落ちてこないように）。

❷ 手洗い

《手洗いのタイミング》
① 調理前
② 調理の途中，生の肉，魚，卵を触った後
③ トイレに行った後，鼻をかんだりした後，髪をまとめなおした後，オムツを交換した後

《手洗いの手順》
① 指輪や腕時計をはずす
② 石鹸液で指先，手の甲，手のひら，指と指の間を丁寧に洗う（図表4-4）肘の近くまで洗う
③ 手についている石けんを流水（水道水）で完全に洗い流す

④ 消毒する
　ア 逆性石けん使用の場合
　　㋐ 0.2％逆性石けん液（表示に従って希釈する）を手によくもみ込む
　　㋑ 再び流水でよくすすぐ
　　㋒ 紙タオルか，エアータオルで乾かす
　イ アルコール消毒液使用の場合
　　㋐ 紙タオルか，エアータオルで手をよく乾かす
　　㋑ 両手にまんべんなく消毒液を噴霧する
　　㋒ 両手をすり合わせ，アルコールを蒸発させる

☆衛生学的手洗いのテクニック

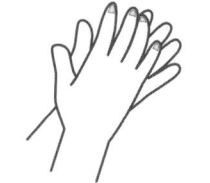

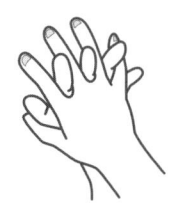

①手のひらと手のひらを擦る　②右手の平で左手の甲に，また，その反対の動作をもう一方の手にも行う　③指を組み合わせ，手のひらと手のひらを擦る

④反対の手のひらで爪まで擦る　⑤親指のあいだを手のひらで包むように擦る　⑥指先は，手のひらの中央で円を描くように擦る

図表4・4

❸ **調理器具の扱い**

　まな板は，肉・魚用と野菜用に分ける。生の肉や魚を切った後の包丁は，よく洗ってから次の作業に使う。（生の肉や魚は，なるべく野菜を切り終えた後に扱うように調理手順を考える）

❹ **調理中の片付け，食事後の後片付け**

　調理作業中は，器具やゴミを片付けながら調理台を清潔にする。
　食器は，汚れの種類や程度に応じて洗う順番を考える。水洗いで済むものから洗い始め，汚れの落ちにくいものはつけ置き洗いや洗剤を使用して洗う。洗浄後は乾燥または布巾で水気を拭き取る。布巾を使用する場合は清潔なものを用意し，使用後は煮沸消毒などを行い衛生的に扱う。

第2節　掃　除

　掃除をすることにより，ほこり等の汚れを除いて衛生的にし，誰もが使いやすく安心して気持ちよく過ごせるようにしたい。汚れに気づいたらすぐにきれいにして汚れを溜めないようにすること，使ったものはすぐに元の場所に戻すことを日頃から習慣にする。汚れは溜めると落としにくく，余分な洗剤と時間が必要になる。また，物品の定位置を決めてすぐに戻すことで部屋の散らかりを防ぎ，使いたいときにすぐに取り出すことができる状態にしておく。

1　掃除の準備

❶　窓を開けて換気する
　　掃除をして舞い上がったほこりの出口を確保する。また，洗剤を使って掃除する場合には，洗剤の成分を吸い込まないためにも換気すること。

❷　用具，洗剤を選ぶ
　　掃除する場所や汚れに適した用具を選ぶ。洗剤を使用する場合は，表示をよく確認して適したものを選び，使用上の注意を守る。

2　物の片付け

　拭き掃除，はき掃除をする前に物をひとまとめにする，定位置に戻す，反対に定位置からずらして掃除をしやすくするなどの作業を済ませる。
　物の定位置は，使う人が誰でも取り出しやすく元に戻しやすいように分かりやすくしておく。そのためには，なるべく用途別に使う場所のそばに収納し，少ない動作で取り出せるように工夫しておくとよい。

3　ほこりを落とす・はく・拭く

　ほこりは，部屋の高いところから順に低いところ，奥から手前の順で落とす。
　落としたほこりをほうきや掃除機で，隅から壁に沿って作業を始めて取り除く。また，畳の上を掃除する場合は目に沿って行う。ほうきを使う場合は，

ほこりがなるべく散らないように静かにはく。

　拭き掃除は，はき掃除と同様に奥から手前の順で拭く。水拭きをする場合は，雑巾を濡らしてから固く絞って使い，汚れた面で繰り返し拭かないようにたたみ直しながら使う。

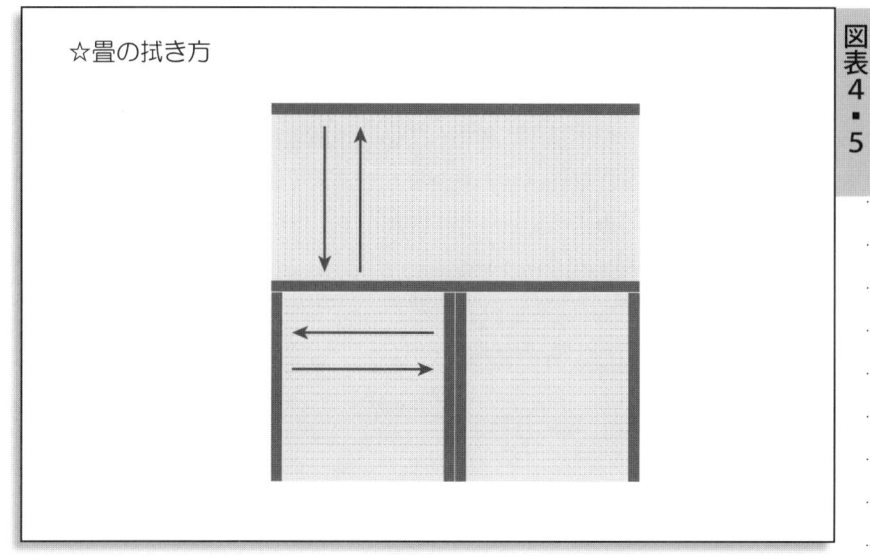

☆畳の拭き方

図表4・5

　特に，台所や洗面台などの水まわりやガスコンロのまわりなどは，使用直後に水気や油をふき取り汚れを溜めないようにすることが大切である。水気が残ったところにはカビなどが発生しやすく，油分が残ったところにはゴキブリなどの害虫が発生しやすく不衛生であり，汚れを溜めると落としにくくなる。

　電化製品や家具などで水拭きが適さないものの場合はから拭きをする。化学雑巾などを使用しても良い。

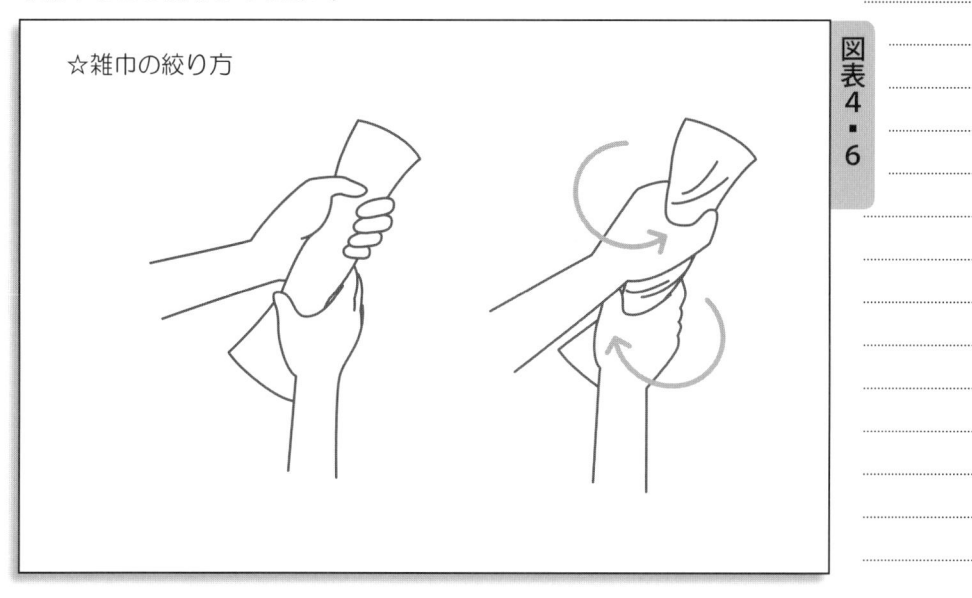

☆雑巾の絞り方

図表4・6

④ ゴミ処理

ゴミは，各自治体での方法に従って確実に分別する。特に，資源として再利用できるものを他のゴミと混ぜない。また，収集の曜日や時間も確認する。

ワーク4-6

掃除の方法は，各家庭や個人によって様々なやり方があるものである。普段自分が行っている掃除の場所や頻度，掃除の工夫を出し合ってみよう。特に掃除に苦労している場所または自分の部屋などを例に挙げ，余計な時間や洗剤を使わず，効率よく手軽に掃除できる方法を考えてみよう。

場　所	頻　度	方　法
リビング・寝室	毎　日・週1回 月1回・年1回	
キッチン		
バス・トイレ 洗面所		
玄　関		
その他		

ワーク4-7

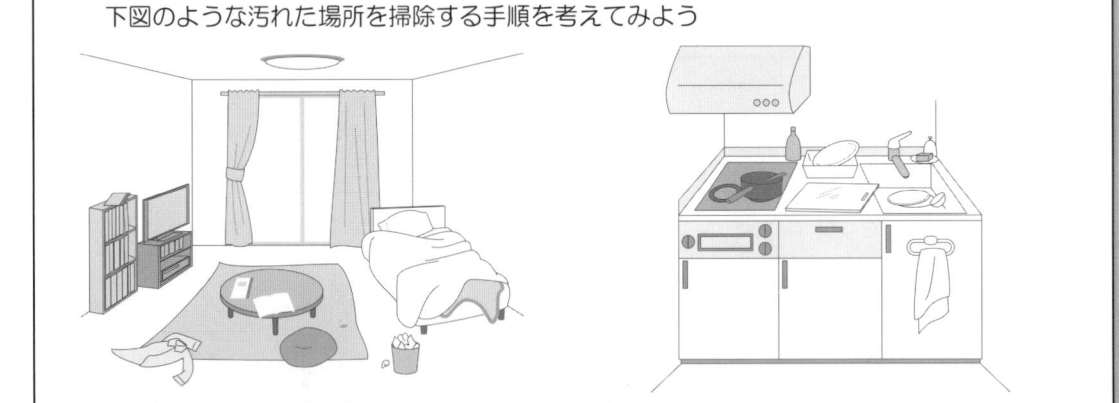

下図のような汚れた場所を掃除する手順を考えてみよう

場　所	手　順
リビング・寝室	
キッチン	

第3節　洗　濯

　衣類の素材に適した洗剤，洗い方，干し方，アイロンのかけ方を知り，縮みや色あせを防ぐ。洗濯の前に衣類に縫い付けられているラベルをよく読み，繊維の種類や「絵表示」によって分類することから始める。

1　「絵表示」の確認

　衣類のラベルには，洗い方や干し方について分かりやすく示した図表4－7の「絵表示」がある。絵表示の内容を理解しておくことが大切である。

> 自分が着ている洋服のラベルを見て，絵表示を確認してみよう。
>
> | 衣類の種類 | 材質 | 絵表示（書き写す） | 絵表示の意味 |
> | --- | --- | --- | --- |
> | 例 Tシャツ | 綿100% | | |
> | | | | |
> | | | | |
> | | | | |
> | | | | |
> | | | | |

ワーク4・8

2　部分洗い，下洗い，つけおき洗い

　汚れのひどい洗濯物は，洗濯機にまとめて入れる前に部分洗い（襟や袖口など），下洗い（どろ汚れなど），つけおき洗い（しみや黄ばみ汚れなど）をしておく。

③ 洗剤の種類の確認

　繊維の種類によって適した洗剤を使用する。日常的には弱アルカリ性の洗剤を使用することが多いが，絹や毛，レーヨンなどのデリケートな繊維には中性の洗剤を使用する。生成りなどの風合いを保つために蛍光増白剤の使用を避けたい場合もあるので，洗剤の表示を確認する。

　また，漂白剤を使用する場合にも表示を確認して適したものを選ぶ。塩素系のものは白いものをより白くし消毒の効果もあるが，色柄ものの漂白には適さない。色柄物には酸素系のものを使用したほうが良い。

　洗濯物の種類や仕上がりの好みにより柔軟剤や糊付け剤を使用する場合にも表示をよく読み，正しく使う。

図表4・7

◆ 絵表示の意味

⑦ 洗い方（水洗い）

○95	95℃以下の液温で洗えます（家庭用洗濯機は高い液温に耐えない場合があります）。
○60	60℃以下の液温で洗濯機で洗えます。
○40	40℃以下の液温で洗濯機で洗えます。
○弱40	40℃以下の液温で洗濯機で洗えます。ただし，弱流水で洗ってください。
○弱30	30℃以下の液温で洗濯機で洗えます。ただし，弱流水で洗ってください。
手洗イ30中性	30℃以下の液温で弱い手洗いをしてください（洗濯機は使用できません）。

以上の図柄の場合には，洗剤の種類は問いませんが次のように「中性」の文字が図柄に付記されている場合は中性洗剤を使用してください。

○弱30中性　／　手洗イ30中性

水洗いはできません。（×印）

「ネット使用」の場合には記号の外に付記します。○40 ネット使用

④ 塩素漂白

エンソサラシ：塩素系漂白剤で漂白できます。
エンソ×：塩素系漂白剤で漂白できません。

⑦ アイロンの掛け方

高：アイロンは210℃を限度として高い温度（180℃から210℃）で掛けてください。
中：アイロンは160℃を限度として中程度の温度（140℃から160℃）で掛けてください。
低：アイロンは120℃を限度として低い温度（80℃から120℃）で掛けてください。

以上の図柄の場合には，当て布を使用する必要はありませんが，次のように当て布の記号が付記されている場合には当て布を使用してください。

高　中　低（当て布付き）

×印：アイロン掛けはできません。

④ ドライクリーニング

ドライ：パークロルエチレン石油系溶剤でのドライクリーニングができます。
ドライ セキユ系：石油系溶剤でのドライクリーニングができます。パークロルエチレンは使用できません。
ドライ×：ドライクリーニングはできません。

⑦ 絞り方

手絞りは弱く，遠心脱水の場合は，短時間で行ってください。
×印：絞ってはいけません。

⑦ 干し方

つり干しにしてください。
日陰でつり干しにしてください。
平：平干しにしてください。
平（斜線）：日陰で平干しにしてください。

東京都生活文化局消費生活部安全表示課『平成12年度家庭用品品質表示法のしおり』

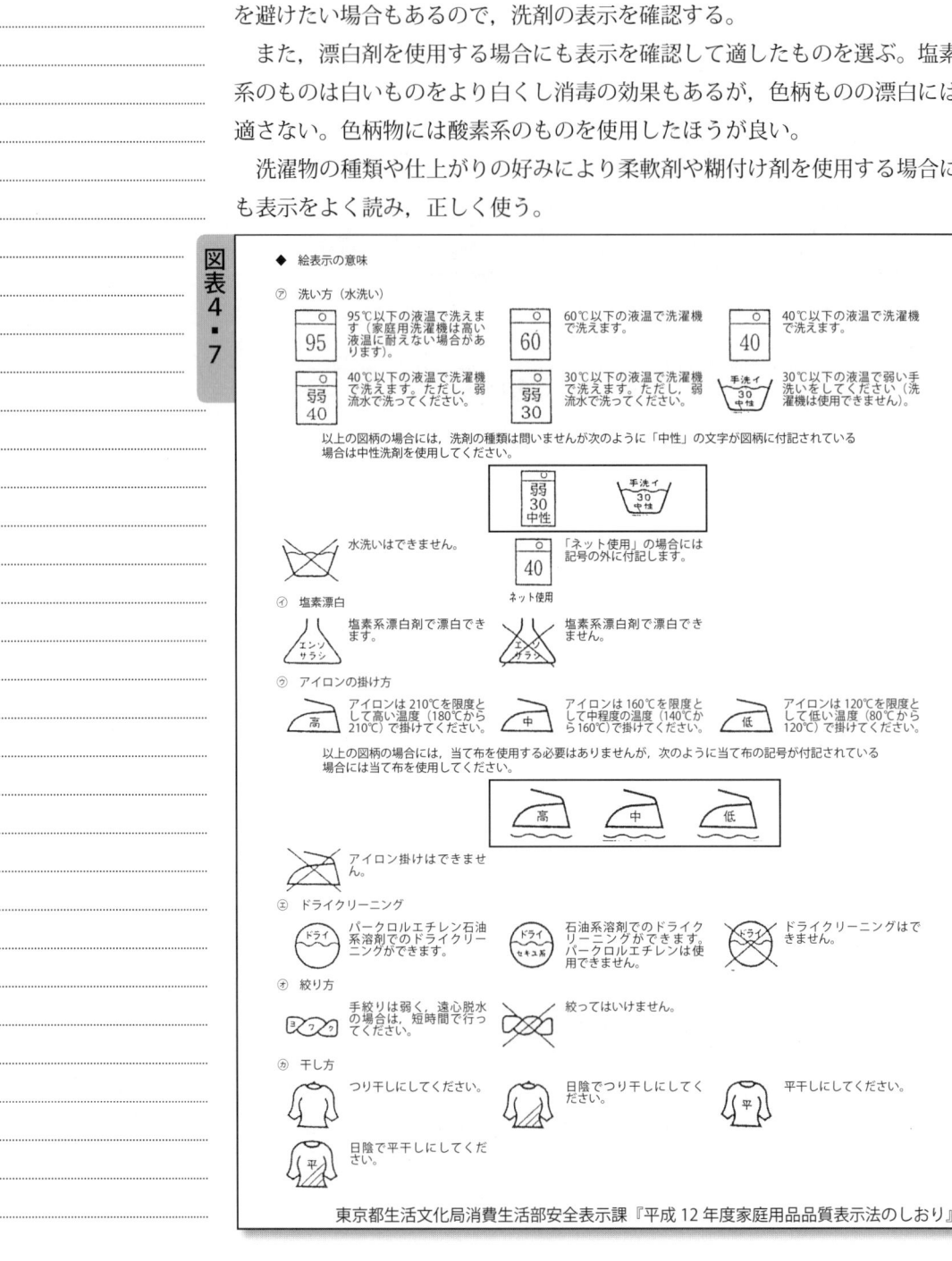

④ 洗い方

洗濯機を使用する場合も，手洗いの場合でも洗濯物の量に応じて水量を決め，適した洗剤量を加える。多く入れても洗浄力は変わらず，すすぎに時間がかかり，洗剤が残ることもある。洗剤は，洗濯物に直接かけるのではなく水に溶かし入れる。

❶ 洗濯機の種類

① <u>全自動洗濯機</u>
　　洗い，すすぎ，脱水まで，自動的に行う。
② <u>洗濯乾燥機</u>
　　洗い，すすぎ，脱水，乾燥まで，自動的に行う。
③ <u>二槽式洗濯機</u>
　　洗い，すすぎの槽と脱水の槽の二槽からなり，洗い，すすぎと脱水の切り替えを手動で行う。

❷ 洗濯機の標準的な設定

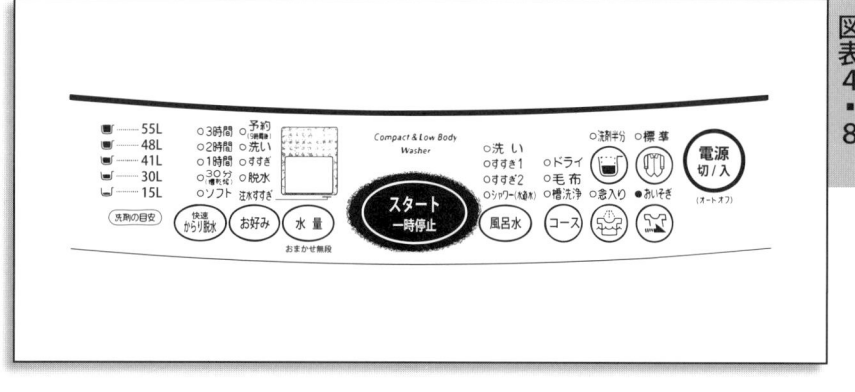

図表4・8

図表4・9

☆二槽式洗濯機を使った洗濯の手順

① 家庭用の二槽式洗濯機は洗濯槽と脱水槽からなります。洗濯槽の容量は 30～50ℓ 程度です。
② 水温は 25～40℃が望ましいでしょう。
③ 洗濯物の重量を決めます。効率の良い液比は洗濯物の重量：洗濯槽の水量が 1：25 がめやすです（水が 30ℓ のときは 1.2kg）。
④ 洗濯は洗濯用の洗剤を使います（たとえば弱アルカリ性合成洗剤）。
洗剤の量は洗剤の種類により異なります。洗剤の容器に記された「家庭用品品質表示法に基づく表示」の「標準使用量」に従います。たくさん使っても洗浄効果はあまり変わりません。洗濯槽に入れた水の容量から計算します。
⑤ 洗濯時間は汚れの程度で判断します。
普通の汚れ⇒ 7 分以下機械を回す。　　ひどい汚れ⇒ 10 分以下
化繊や薄物はもっと短時間でもよい。
汚れや洗濯物の内容により分けて洗います（分けるめやすは汚れの程度や糸くずの付着，色落ち，ひっかかり，再汚染等の心配のあるもの）。
　※一度の洗剤液で二度の使用が可能です。上手に洗濯をすれば洗剤の節約になります。
　※すすぎの前に脱水機で脱水をしておきます。
⑥ すすぎは溜めすすぎで 3 分程機械を回します。間に脱水をし，水を取り替えて 2 回で完了します。
⑦ 脱水は繊維や布の厚みに合わせます。かけすぎはしわになります。
薄物・化繊⇒ 10 秒程度　　　普通の厚さ⇒ 30 秒程度
厚物⇒ 1 分程度

ホームヘルパー養成研修テキスト作成委員会『訪問介護員養成研修テキスト 2 級課程第 3 巻』

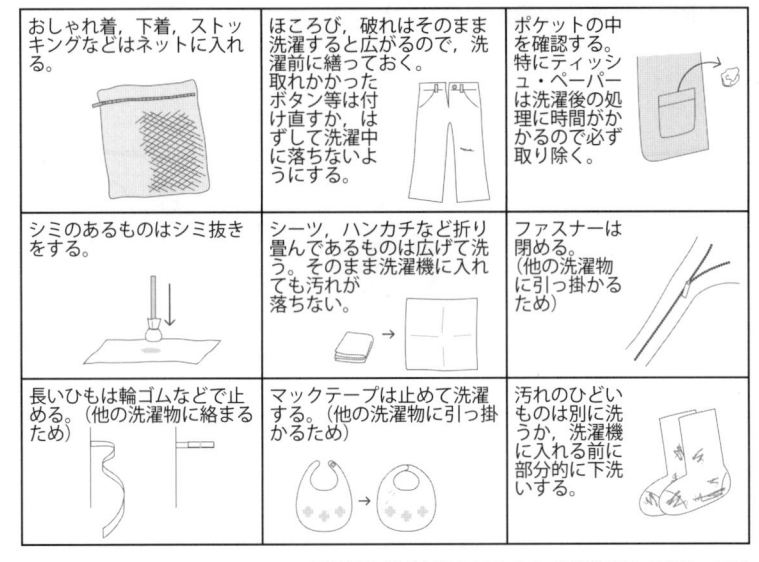

おしゃれ着，下着，ストッキングなどはネットに入れる。	ほころび，破れはそのまま洗濯すると広がるので，洗濯前に繕っておく。取れかかったボタン等は付け直すか，はずして洗濯中に落ちないようにする。	ポケットの中を確認する。特にティッシュ・ペーパーは洗濯後の処理に時間がかかるので必ず取り除く。
シミのあるものはシミ抜きをする。	シーツ，ハンカチなど折り畳んであるものは広げて洗う。そのまま洗濯機に入れても汚れが落ちない。	ファスナーは閉める。（他の洗濯物に引っ掛かるため）
長いひもは輪ゴムなどで止める。（他の洗濯物に絡まるため）	マックテープは止めて洗濯する。（他の洗濯物に引っ掛かるため）	汚れのひどいものは別に洗うか，洗濯機に入れる前に部分的に下洗いする。

中川英子編著『介護福祉のための　家政学実習』建帛社　2005

５　干し方

　洗濯物がなるべく早く乾くように，風通しが良くなる工夫をしたり，途中で位置を入れ替えたりする。また，干すときにしわを伸ばしておくと仕上がりがきれいになる。絵表示の干し方も確認し，色あせしやすいものは陰干し，あるいは裏返して干す。

> 次の洗濯物を，普段どのように干しているか。どのように干すと風通しが良いか，色あせや伸び縮み，しわを防げるかを考えてみよう。
>
> | 洗濯物の種類 | 干し方 |
> | --- | --- |
> | タオル | |
> | Tシャツ | |
> | 靴下 | |
> | ジーパン | |
> | セーター | |
> | シーツ | |
> | ブラウス | |
> | その他 | |

ワーク4・9

⑥ アイロンかけ

アイロンをかける場合は，絵表示を確認して適した方法で行う。

⑦ その他

衣類にしみがついた場合はなるべく早く処置する。洗濯の際には，ボタンが取れかかっていないか，すその始末がほころびていないか，虫食いなどの穴はないかなど衣類の状態も確認し，必要な場合は直す。

> ボタン付け，すそ上げの練習をしてみよう。

ワーク4・10

第4節　生活のマナー

生活のマナーとしては様々な課題があるが，ここでは，食事のマナーを中心に取り上げる。

① 日常の食事のマナー

❶ 箸の持ち方・使い方

図表4・10
① 片方の箸（固定箸）を，親指の根元に挟みます。
② 薬指を軽く曲げて第一関節を下に添え，親指と薬指で支えます。
③ もう片方の箸（作用箸）は親指の腹で挟み，中指の第一関節で支えます。
④ 作用箸の支えをしっかりさせるために，小指を薬指に添わせます。

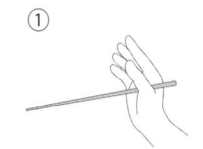

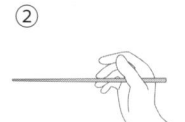

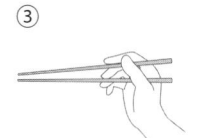

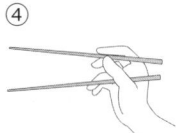

学校給食協会『学校給食　2006年11月号』

ワーク4・11
普段どおりに箸を持ち，指の位置などを観察する。箸でものをはさむ（先端が接する）動作をしてみよう。

ワーク4・12
箸の使い方として好ましくないとされる，寄せ箸，ねぶり箸，なみだ箸とはどのような動作のことか調べてみよう。
また，他にどのような使い方が好ましくないか考えてみよう。

❷ 姿　　勢

　背筋を伸ばして座り，美しい姿勢を心がける。
　テーブルの上に肘をついたり，肘をはって食器を持ったり，食器に顔を近づけ過ぎたりしない。
　食事は毎日のことなので，良い習慣が身に付けば，自分にとってのすばらしい財産になる。

❸ 気持ちよい食事のために
　① 音への配慮
　　　楽しく会話するのは良いが，食事中に必要以上の音をたてることはタブーである。場違いな大声やうるさい話し声は周りの方々への迷惑となる。食器の扱いや食べ方にも注意し，ナイフ，フォーク，皿などがガチャガチャと音をたてないようにする。ものを噛むときにきにクチャクチャ音をたてないよう気をつけよう。
　② 会　　話
　　　食事の席にふさわしい会話かどうかは，口に出す前に考えて，選んでから話そう。誰かを不快にするような話題は避ける。相手を楽しませる会話を心がけよう。また口に食べ物を入れたまま話したり，つばを飛ばしたりせぬように気をつける。

② 改まった席での食事のマナー

　今後，改まった席に出席する機会も増えて来るであろう。そうした場に心のゆとりをもって参加できるよう，基本的なマナーを心得ておきたい。
　食事の席で一番重要なことは，回りの人を不快にさせないことである。そしてせっかくの場の雰囲気を壊さぬように配慮しながら，おいしく楽しく美しくいただくことが大切である。

❶ 世話役の仕事
　　学生生活の中で，ゼミやサークルのコンパ，卒業パーティーなど，色々な会合の世話役になることがあるだろう。社会人となっても役立つよい経験ができるチャンスとして，積極的に引き受けよう。皆に楽しんでもらえる会にするためのポイントをおさえておきたい。
　① 予　　約
　　　予約時のチェックポイント
　　　　・日時　・人数　　・名前（世話役の連絡先）　　・目的
　　　　・希望の席　　・メニューの要望　　・予算
　② 時間に遅れない

時間に遅れると，食事をする人にも店にも迷惑をかけることになる。やむを得ず遅れる場合は，きちんと連絡を入れるようにする。（その為にも世話役と店との連絡方法を控えておく。）

③ 到着したら
予約者の名前を告げ店の人の案内に従う。

④ 料理を注文する場合
大声で店員を呼ぶのは避ける。控えめにサインを送るか，「恐れ入ります」などと言って気づいてもらう。

⑤ 会　計
席で会計できるかどうかを聞くのがスマート。割り勘制や会費制のときはその時に精算するのもよいし，誰かが立て替えて後日徴収するのも良い。その為にも領収書はきちんと取っておくこと。

❷ **食事のマナー**
① ふさわしい装いについて
服装は清潔なものが基本。ヘアースタイルはすっきりとして，食事のじゃまにならぬようにする。また口紅を食器などに付けないように気をつける。

② ナプキンの使い方
最初の飲み物や料理が運ばれてきたら，ナプキンを二つ折りにし，折り目を手前にしてひざの上に拡げる。首にナプキンをかけるのはさける。口元や指を拭くときは，ナプキンの内側を使って汚れをおとす。汚れた部分が周りから見えないようにする。

③ 食事をおいしくいただくタイミング
会話などに夢中になって，せっかく出された料理に手をつけないのはマナー違反となる。熱いものは熱いうちに，冷たいものは冷たいうちにいただくようにする。

④ 食事を残す場合
食事を残すことはあまり勧められない。お腹がいっぱいでやむなく残す場合は，皿の上が乱雑にならない様に残す。そして「おいしくいただきましたが，量が多かったものですから。」などと，口に合わなかった訳ではないことを伝える。

⑤ 中座するとき
中座（食事の途中で座を去ること）するときは，同席者に一言「失礼いたします」と断る。ナプキンは軽くたたんで,イスの上に置く。退席するときはナプキンを軽くたたんでテーブルの上に置く。

第4章　家事−衣食住にかかわる日常の仕事　　71

　⑥　料理や飲み物をこぼしてしまったとき
　　自分で拭くのではなく，店の人を呼んで任せよう。服についてしまったら，ひとこと断って席をはずす。食器類を落とした時も自分では拾わずに係の人を呼んで任せる。

❸ 食事の後で

「おいしくいただきました」の気持ちを伝える。

「おいしい」と思ったら，その感想を素直に伝えよう。

それは席をセッティングした人にとっても嬉しいものである。例え口に合わなかった場合も，即批判することは控えよう。同じ料理を「おいしい」といただく人もいることを忘れずに。

❹ 立食パーティでのマナー

最近は立食パーティーが多くなっているので，特に注意点をあげておきたい。立食形式の場合，用意された料理を自由に取って，自由な席でいただくが，どんな取り方，食べ方でもよいというわけではない。以下の基本的なマナーを守り，パーティーの一員として，参加者皆が気持ちよくすごせるよう心がけよう。他の人が料理を取るのを邪魔しないこと，また親しい友人だけで固まるのではなく，多くの人との交流を楽しむことが基本である。

☆ふさわしい装い　（動きやすく料理が取りやすい装い）

- 髪はすっきりと
- バッグは小さめ
- 持ちにくかったら両手で持ってもOK
- 靴は低めが楽

グラスは美しく持つ！

- コップは水滴が落ちないように紙ナプキンを巻くと便利
- ワイングラスはグラスの下を持つ

① 料理の取り分け方
料理台の料理は，コースの順に並んでいる。原則として前菜から順番に取っていこう。いきなりデザートやメイン料理から取るのはルール違反となる。

② 盛りつけ方
一皿に盛る料理は2～3種類にして控えめにする。何度料理を取りに行ってもよいので，皿に山盛りに盛りつけない。皿に食べきれないほど取って残すのはマナー違反である。親切のつもりで友人の分まで料理をとるのは違反である。一度に一皿ずつ持つようにする。

③ いただく場所
料理を取ったら立食用のテーブルへ行って頂くこと。
料理台の近くに立ち止まるのは他の人への迷惑になる。
また，料理がのった皿を持って歩き回るのも感心しない。
ただし，飲み物グラスを持って歩くのはかまわない。

④ 使用した皿
皿は1回ごとに取り替える。これは料理の味が混ざらない様にしておいしく食べる為である。たくさんの皿を使うことに気兼ねをしなくても大丈夫である。
使い終わった皿は，立食用のテーブルに置いておけば片づけてもらえる。料理台に置くのは，不潔な印象になるのでやめる。また使用した皿を重ねるのは避ける。
（皿に食べ物が残っている場合は下げないのが基本である。下げてほしい場合は使ったナプキンを置いておくとよい。食事がすんだというサインになる。）

⑤ 飲み物がなくなったとき
会場係のスタッフに頼めばもってきてくれる。スタッフが回ってこないときは，すみにあるドリンクバーまで行って直接注文することもできる。

⑥ 会話を楽しむ
立食パーティでは会話を楽しむことも重要なマナーである。食べてばかりいて周りの人と会話をしないのはマナー違反になる。

⑦ その他の注意
会場のイスを独占するのは感心しない。バッグや上着を置いて席取りなどしないようにする。会場のイスは高齢者や体調が悪い人の為に用意されたものである。

③ 西洋料理の基本マナー

フランス料理に代表される次のような西洋料理の基本マナーを知っておくと，色々な場でとまどわず便利である。

❶ フランス料理のメニュー構成

① <u>オードブル</u>
前菜のこと。テリーヌ・パテ・サラダ・・魚介類のソテーなど。次にくる料理を引きたたせたり，食欲を増進させるための軽い料理をいう。

② <u>スープ</u>
コンソメかポタージュがある。スタッフがスープ皿に取り分ける。

③ <u>パ　ン</u>
パンが正式であるがライスを選べる店もある。魚料理と一緒に出されるのが一般的である。

④ <u>魚料理</u>
魚を使ったメイン料理のひとつ。肉料理に比べてソースが多めである。

⑤ <u>肉料理</u>
肉を使ったメイン料理のひとつ。正式には魚料理の後に口直しのシャーベットが出てから肉料理が続くこともある。つけあわせとしてサラダが出ることもある。コースによっては，メイン料理を魚か肉のどちらかひとつを選ぶ場合もある。

⑥ <u>チーズ</u>
正式なコースではデザートの前にチーズが出る。おなかがいっぱいの時は手をつけなくてもよい。

⑦ <u>デザート・フルーツ・コーヒー</u>
焼き菓子やアイスクリーム，フルーツなどの後にコーヒーか紅茶が出る。

❷ ナイフ・フォーク・スプーンなどの使い方

① <u>基本の使い方</u>
右手にナイフ，左手にフォークが基本。ナイフは人差し指を刃と柄の境目あたりにのせて持つ。フォークは背に人さし指をのせて持つ。スプーンは右手で柄の中心を軽く鉛筆のように持つ。

② <u>使い方</u>
ナイフ類，食器類はたくさん並べてあるときは，最初の位置から動

かさないこと。スプーン・ナイフ・フォークは外側から順番に使う。グラスは右から使って行く。

③ <u>食事中のときの置き方</u>
ナイフとフォークの先端をお皿の縁にかけてハの字に置く。ナイフの刃は手前に向けて，フォークは伏せる。

④ <u>食事が終わったときの置き方</u>
皿の右斜め下にナイフとフォークをそろえて置く。ナイフの刃は手前に向け，フォークは上に向けて，2本が重ならぬようにする。

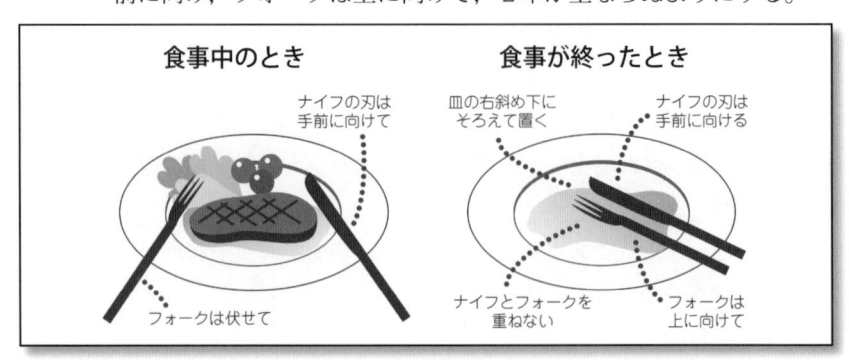

食事中のとき
- ナイフの刃は手前に向けて
- フォークは伏せて

食事が終ったとき
- 皿の右斜め下にそろえて置く
- ナイフの刃は手前に向ける
- ナイフとフォークを重ねない
- フォークは上に向けて

⑤ <u>フィンガーボールの使い方</u>
まず，片方の手の指の第2関節くらいまで入れて洗い，指先をナプキンで拭く。次にもう片方も同じように洗う。

❸ **食べ方のポイント**

① <u>オードブル</u>
基本は一番外側にあるナイフとフォークを使う。料理によってはスプーンも使う。カナッペは手でつまんで食べてもよい。

② <u>スープ</u>
スプーンで手前からすくって飲む。残りが少なくなったら皿の手前を少し持ち上げてみる。コンソメはスプーンの横から，ポタージュはスプーンの先から口に入れるときれいに飲める。
取っ手がついたスープカップは残りが少なくなったら，手で持ち上げて口をつけてもよい。

③ <u>パ　ン</u>
パン皿に1～2個取り，皿の上でひと口大にちぎって食べる。バターをつけるときは，ひと口ごとにつける。

④ <u>魚料理</u>
向かって左端から食べる。魚用のナイフはスプーンの役割もする。魚の左側をフォークで押さえ，中骨にそってナイフを入れて身をは

すす。左側からひと口大に切ってソースをからめながら食べる。
身の下側をひっくり返さない。中骨の下にナイフを入れ、骨をはずして下の身を食べる。中骨は魚の向こう側に置く。

⑤ 肉料理
魚と同様に左端からひと口分ずつ切りながら食べる。ナイフは骨にそって入れる。骨を手でつかむのはよくない。また最初に全部切り分けることはしない方がよい。

⑥ デザート
バナナ、メロンなどはナイフとフォークを使って皮と実の間にナイフを入れ、切り離してからひと口大に切って食べる。ぶどうなどは手で食べる。

⑦ ワインの選び方
肉料理は赤ワイン、魚料理は白ワインを合わせるのが一般的だが、こだわりすぎなくても良い。迷ったときは店の人に相談しよう。

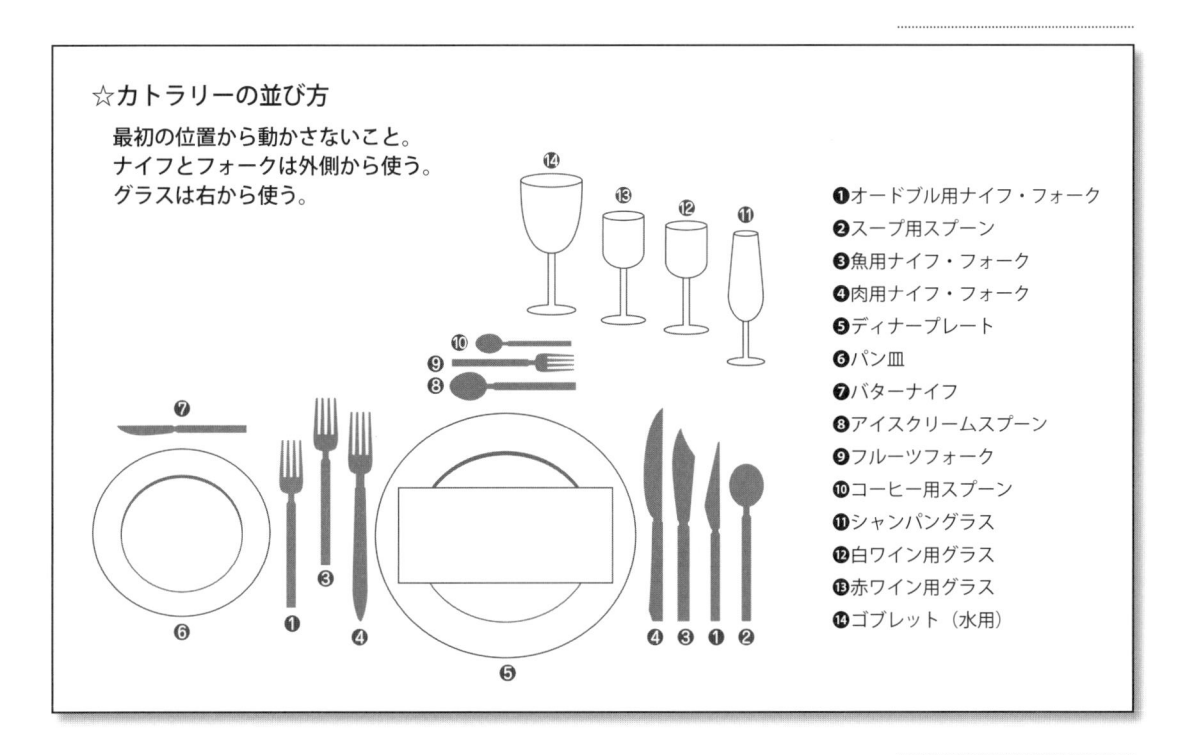

☆カトラリーの並び方

最初の位置から動かさないこと。
ナイフとフォークは外側から使う。
グラスは右から使う。

❶オードブル用ナイフ・フォーク
❷スープ用スプーン
❸魚用ナイフ・フォーク
❹肉用ナイフ・フォーク
❺ディナープレート
❻パン皿
❼バターナイフ
❽アイスクリームスプーン
❾フルーツフォーク
❿コーヒー用スプーン
⓫シャンパングラス
⓬白ワイン用グラス
⓭赤ワイン用グラス
⓮ゴブレット（水用）

■参考文献

飯塚美和子他『最新小児栄養』第5版　学建書院　2007
粟津原宏子他『たのしい調理－基礎と実習－』第4版　医歯薬出版　2008
池本真二他『やさしい食事学　栄養学の視点から』建帛社　2001
富岡和夫『給食経営管理実務ガイドブック』新訂・第二版　同文書院　2006
富岡和夫『給食の運営　給食計画・実務論』第5版　医歯薬出版　2004
後藤三枝子『掃除と洗濯のきほんおさらい帖』小学館　2007
ホームヘルパー養成研修テキスト作成委員会『訪問介護員（ホームヘルパー）養成研修テキスト　2級課程第3巻　生活援助・相談援助・関連領域』
中川英子『介護福祉のための家政学実習』建帛社　2005
学校給食協会『学校給食』11月号　2006

第5章 街で，訪問先で

大勢の人が集まる街や公共の場においては，誰もがお互いに気持ちよく過ごすために守らなければならないマナーがある。他人に迷惑をかけないこと，人に不愉快な思いをさせないように気をつけ，他者に対する思いやりといたわりの気持ちをもって行動することが大切である。

第1節　駅でのマナー

❶ 切符を買うときは一列に並び目的地まできちんと買う。
❷ 切符を購入したら次の人のために，券売機の前からすぐに移動する。
❸ 改札口や階段の近くで数人で集まって立ち話をする，ホームに鞄や荷物を置き，数人でかたまっておしゃべりをするなど，他人の通行を妨げるようなことはしない。
❹ 上り，下りの階段やエスカレーターは，人の流れに沿って昇降する。
❺ エスカレーターは，危険防止のため前方を向いて正しい位置に乗り，急いでいても列に割り込んだりしない。
❻ ミュール・ピンヒールの靴などを履いているときは，階段などで大きな音をカンカンとたてて歩かないように注意する。

> 切符を購入するために券売機の前の列に並んでいたら，あなたより3人前にいたお年寄りがいつまでも切符を買えずに券売機の前に立っています。列に並んでいた人はイライラした様子で，他の列に移動していく人もいます。このような時，あなたならどうしますか？また，どうしたら良いのかをみんなで話しあってみましょう。

ワーク5・1

第2節　乗り物の中でのマナー

① 乗降時のマナー

❶ 乗り物の乗車は，降りる人が降りてから順序よくすばやく乗る。
❷ 目上の人と同伴している場合は，乗降の際は目上の人を先にする。但し，同伴者が高齢者の場合，必要に応じて自分が先に降りて，高齢者が安全に降車できるように配慮する。
❸ 混雑している車内を移動して降車する時には，「すみません。降ります」などと周りの人に声をかけ，道をあけてもらうようにする。決して黙って無理に人を押し分けるようなことはしない。
❹ 乗車したら入り口に立ち止まらず，順序良く奥に進み，後から乗る人が乗車しやすいように配慮する。
❺ ドアが閉じかかっている発車直前の車両への飛び乗りは危険な行為であり，発車時刻の遅延にもつながりかねないので絶対にしない。

② 車内でのマナー

❶ 高齢者，幼児，妊婦，障がい者，子どもを背負った人，怪我をしている人などが乗車してきた場合は席を譲る。
❷ 座席は一人でも多くの人が座れるように幅をとらずにきちんと前を向いて座る。荷物は膝の上に置き，足を組まないようにする。
❸ 多くの荷物や大きいものは，床におかずに網棚にのせる。荷物を網棚に載せる際には座っている人に迷惑をかけないように注意し，静かに載せる。
❹ 車内で新聞や雑誌などを読む時は，人の顔の前で大きく広げないように注意する。またヘッドフォンで音楽を聴く場合は，音が周りに漏れない音量にして聴く。
❺ 車内では隣の人を隔てて連れの人と話をしたり，大声で笑ったり，物を渡したりしない。
❻ 車内での飲食，化粧はしない。
❼ 携帯電話はマナーモードに切り替えるか電源を切り，車内での通話はしない。
❽ 混雑している車内においては，リュックサックやデイパックなどは背負わずに手に持つようにする。

第5章 街で，訪問先で

ワーク5-2

　電車やバスに乗っていた時に，あなた自身が他者に対してこれまで不愉快に感じたことや迷惑だと感じたことを思い出してください。そのことについてみんなで話しあってみましょう。

　駅の階段の降り口で，ぐっすりと眠ってしまっている幼児を抱いた母親が「〇〇ちゃん起きて！起きて歩いてくれないと階段が下りられないでしょう！」と必死で子供に話しかけています。母親の足元には大きな買い物袋が2つおいてありました。このような場面に出会った時，あなたならどうしますか？

　車内で化粧をする人を見てあなたはどう思いますか？みんなで考えてみましょう。

③ 乗り物の席次

　車や電車などの乗り物に上司や目上の方々と同行する場合，相手の方に応じて座る位置を選ぶ必要がある。

ワーク5-3

◆　次の席次をつけてみましょう！

① 新幹線などの列車の席次《ヒント！　進行方向を向いている席の窓側が上座》
② 飛行機に同行する場合の席次《ヒント！　窓側が上座》
③ 自家用車・タクシーに同乗する場合の席次

①新幹線などの列車の席次

進行方向↑

窓側

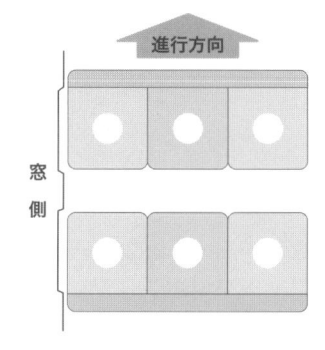

ワーク5-2

②飛行機に同乗する場合の席次

③上司や目上の方が自分の車を運転する場合の席次

③タクシーなど，ドライバーがいる車に同乗する場合の席次

第3節　道路上でのマナー

❶ 右側通行を守り，歩道のある道路では必ず歩道を歩く。
❷ 特に人ごみの多い道路での歩調は，人の流れに合わせて速度を調整しながら歩き，急に立ち止まったり走り出したりしないようにする。
❸ 大声で笑ったり，話をしながら歩かない。特に深夜・早朝は注意をする。
❹ 歩行中，他人の体や持ち物に触れてしまったときは，「すみません」などと言って直ぐに詫びるようにする。
❺ 他人の通行を妨げないように気をつけ，道路の真中を歩いたり，数人で横に並んで歩かないようにする。
❻ 道路いっぱいに広がって立ち話をしたり，道路に座り込んだりしない。
❼ 幼い子供，高齢者や病弱者と同行する時は，自分が車道側を歩く。
❽ タバコの吸殻，紙くずなどを捨てない。
❾ 通行中の人を振り返って見たり，ジロジロ見たりしない。
❿ 傘などの長いものを持ち歩く時は，他人にぶつからないように注意し，自分の体と平行になるようにして持つ。特に階段では注意する。
⓫ 他人に場所などを尋ねる時は，「おそれいりますが……」「すみませんが……」などのあいさつをしてから尋ね，言葉遣いや態度に気をつける。

◆　ロールプレイ

　実習施設のオリエンテーションに行く途中で，道がわからなくなってしまいました。その時，あなたの前方から買い物帰りと見うけられる一人の中年の女性が歩いてきました。その方に道を尋ねる場面を二人一組になってロールプレイで学習してみましょう。

　仲の良い友人3人と歩いている途中，一人の友達が「喉が渇いた」と言い，自動販売機で缶ジュースを買い，そのまま歩きながら飲んでいました。しかし，飲み終えた時点でその空き缶を民家の前に捨ててしまいました。このような場面で友人としてあなたならどうしますか？　みんなで話しあってみましょう。

ワーク5・4

第4節 訪問のマナー

　様々な訪問の機会がある。以下は，主として個人宅を訪問する場合のマナーを述べるが，実習や見学などで施設を訪問する場合も，同様の配慮が必要である。

1 訪問の前に

❶ アポイントメントをとる

　訪問の前には必ず約束をとりつける。親しい間柄でも，必ず事前に電話などで先方の都合を聞いたうえで訪問する。この時，訪問の目的をはっきり伝える。

　予約なしの訪問は，儀礼的な挨拶やプライベートな立ち寄りなどのように例外的なものに限られる。このような場合でも，できるだけ前もって訪問の連絡を入れる方が良い。

❷ 時間厳守

　約束した訪問の日時は守る。遅刻をしないように交通機関や時間帯に気をつける。早く着き過ぎた場合には，近くで時間調整をして約束の時間通りに訪問する。なお，訪問の時間は，早朝，夕方や食事の時間帯は避ける。

2 訪問先で

❶ 門の前，玄関の前で

① ブザーやチャイムを押す前に身なりを整える。冬期，マフラーや手袋は玄関前でとっておく。
② 一息入れてからチャイムを押す。玄関のチャイムは一回押したら少し待つ。インターホンの場合は名前をはっきり告げて待つ。ただし，保育園や施設によってはチャイムを押さない方が良い場合もあり，注意する。
③ 「どうぞ，お入り下さい」と言われたら，コートを脱ぐ。
④ 雨具を持っている場合，事前に水気を切っておく。ハンドタオルを持って行き，バッグや足元の水気をふく。コートは濡れたほうを内側にする。

❷ 玄 関 で

① 「どうぞ」と言われてから，ドアーや引き違い戸を少し開け，軽く会釈し，ゆっくり開けて入る。その際，「おじゃまいたします」，「失礼いたします」などと簡単に挨拶する。

② さらに「どうぞ」と言われたら，ドアーを静かに閉める。その際，先方にお尻を向けないよう，体を少し斜めにして後ろを向く。ドアーの場合はドアーノブに近い方の手を使う。

③ 履物を脱いで上がる場合

　ア　中央ではなく端の方から前向きに上がる。

　イ　上がったら，体の向きを変え，体を少し斜めにひざまずき，脱いだ履物の先が入口の方に向くように正しく直し，玄関の脇の方にそろえる。

　ウ　同伴者がいる時は，先に上がった人の履物を，後から上がった人がそろえる。

　エ　コートなどは小さくまとめて玄関の隅に置く。勧められたらコート掛けに掛ける。

☆玄関のマナー

❶ 脱いだコートや荷物を上がりかまちの下座（一般にげた箱があるほう）に置く。「お預かりします」と言われたら渡す

❷ 正面を向いたまま靴を脱いで上がる。「失礼します」のひと言を

❸ 迎える人にお尻を向けないよう斜めに振り返ってひざをつき，靴の向きを変えて隅に寄せる

竹内聡美『正しいマナー＆こんな時どう言う事典』高橋書店　2007

❸ 部屋に通された時の心得として

① 洋間の場合

- 先方にすすめられない限り，下座に腰掛け，バックなどは足元に置く。小さいものなら自分の椅子の上に置いてよいが，テーブルの上に置かない。
- 挨拶は立って行う。腰かけていても立ち上がる。姿勢を正して，上体を30度ぐらい傾ける。
- 椅子には背筋を伸ばし，浅く腰かける。長椅子の場合は端に座る。
  - ㊟ 現代ではあまりこだわり過ぎることもないが，上座・下座の知識は一応頭に入れておく必要はある。一般的には，奥まったところが上座。ドアや入口に近いところが下座。

> **ワーク5・5**
>
> 下記の3タイプの洋間での椅子の並びや種類による席次は？椅子に順位の番号をつけてみよう。
> 《ヒント！　椅子のタイプや眺めの良いことなどで決める。
> 　　　　　応接セットの場合はソファーが上座。》
>
> ○ソファのある部屋
> ❶ 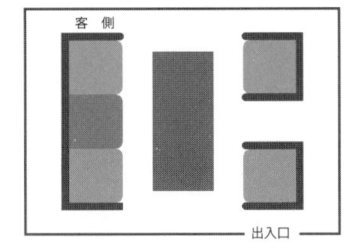
>
> ○対面形式
> ❷ 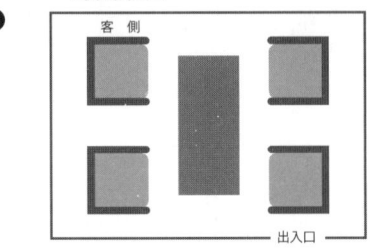
>
> ❸

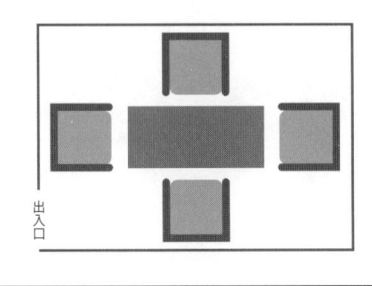

② 和室の場合
- ア 歩き方に気をつける。姿勢を良く，視線は斜め下に落して歩く。畳のへりや座布団を踏まないように歩く。
- イ 部屋に通されたら，座る場所を指定されるまで下座に座って待つ。
- ウ 挨拶が済むまで座布団に座らない。
- エ 座布団をすすめられたら，お礼を言って，座布団に座る。
  - 座布団の下座に進んでから膝を落とす。
  - 両手を座布団の上につく。
  - 両膝を座布団にかける。
  - 膝で中央に移動する。
  - 座布団の中央に正座する。
  - 下りる時は両手をついて後ろに下がり，上がった時と逆の動作をたどる。

☆座布団の座り方

❶ 下座側から，軽く握った両手を座布団の対角に置き，ひざ頭からあがる

❷ 両手を座布団の前方に置き直し，にじり寄るようにして中央まで移動する

竹内聡美『正しいマナー＆こんな時どう言う事典』高橋書店　2007

- オ 和室ではふすまや障子の開け方閉め方に気をつける。
  - 柱に近い方の手を引き手にかけ，少し開ける。
  - 枠にそって手を下し，正面まで開ける。
  - 手をかえて5cmほど残して開けきる。
  - ふすまや障子を閉める時は，ふすまや障子の斜め前に座る。
  - 床上20cmくらいのところで枠を持って閉める。
  - 3分の2くらいのところで，引き手を使って静かに閉める。常に片手は膝の上に置く。

☆ふすまの開け方，閉め方

◀開ける▶

❶ 正面に座り，引手に近いほうの手で少し開ける

❷ 同じ手でふすまの下方の縁を押し，体の中央まで開ける

❸ 手を替えて，体が通れるところまで開ける

▶閉める◀

① 縁を逆手でつかんでからだの中央まで引く
② 手を替えて10cmほど残して閉める
③ 同じ手を引手にかけて全部閉める

竹内聡美『正しいマナー&こんな時どう言う事典』高橋書店　2007

ワーク5・5

　下記の2タイプの和室での上座の順位は？座布団に順位の番号をつけよう。

《ヒント！床の間がある場合，脇に床棚がある場合，庭などの見晴らしの良い場所，入口に近い所，遠い所に気をつけてみよう。》

①　（脇床／床の間，出入口）

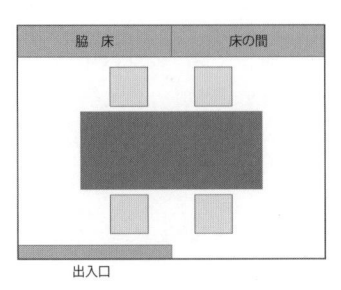

②　（出入口）

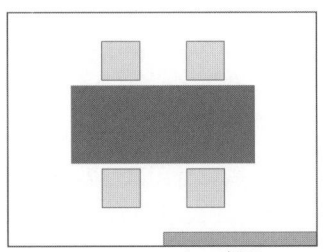

❹ 帰りの玄関で
① スリッパを脱ぐ時は、履物を脱いだ時と同じようにふるまう。
② 履物は斜めに置き換えてから履くとよい。
③ スリッパの向きを変え、そろえて元の位置に重ねないで置く。
④ 荷物やコートを手に持ったまま簡潔に挨拶をする。
⑤ 身支度は外に出てから行う。着衣をすすめられた場合には好意を受ける。
⑥ 戸の開け閉めは、入ってきた時と同じように丁寧に行う。

③ 訪問の後に

訪問後のお礼はその日のうちに行う（電話をかける等）。目上の人には、お礼の手紙や葉書（カード）をすぐに出すようにする。

■参考文献

島田和世監『訪問と招待のマナー』三省堂　1993
塩月弥栄子『作法事典』小学館　1996

終章 保育・福祉専門職に求められるもの

　これまで，保育・福祉専門職をめざす学習の基礎として，大学での学び方，言葉によるコミュニケーション，身だしなみと服装，日常生活の技術，街でのマナーや訪問のマナーについて学んできた。これらは学生が専門職をめざす様々な学習の基礎であるとともに，専門職として働く社会人として身に付けておくべき事柄である。

　保育・福祉専門職をめざす皆さんの，当面の目標は資格を取得し，就職することであろう。しかしその先にはさらに，専門職として自らを磨く努力の過程が待っている。

　専門職へのスタートラインに立った今，将来への目標を確認し，これからの学習の課題，努力の方向を明確にするために「全国保育士会倫理綱領」，「日本介護福祉士会の倫理綱領」および「社会福祉士の倫理綱領」を掲げておく。

◆　**全国保育士会倫理綱領**

　すべての子どもは，豊かな愛情のなかで心身ともに健やかに育てられ，自ら伸びていく無限の可能性を持っています。
　私たちは，子どもが現在（いま）を幸せに生活し，未来（あす）を生きる力を育てる保育の仕事に誇りと責任をもって，自らの人間性と専門性の向上に努め，一人ひとりの子どもを心から尊重し，次のことを行います。
　　私たちは，子どもの育ちを支えます。
　　私たちは，保護者の子育てを支えます。
　　私たちは，子どもと子育てにやさしい社会をつくります。

（子どもの最善の利益の尊重）
❶私たちは，一人ひとりの子どもの最善の利益を第一に考え，保育を通してその福祉を積極的に増進するよう努めます。
（子どもの発達保障）
❷私たちは，養護と教育が一体となった保育を通して，一人ひとりの子どもが心身ともに健康，安全で情緒の安定した生活ができる環境を用意し，生きる喜びと力を育むことを基本として，その健やかな育ちを支えます。
（保護者との協力）
❸私たちは，子どもと保護者のおかれた状況や意向を受けとめ，保護者とより良い協力関係を築きながら，子どもの育ちや子育てを支えます。
（プライバシーの保護）
❹私たちは，一人ひとりのプライバシーを保護するため，保育を通して知り得た個人の情報や秘密を守ります。
（チームワークと自己評価）
❺私たちは，職場におけるチームワークや，関係する他の専門機関との連携を大切にします。
　また，自らの行う保育について，常に子どもの視点に立って自己評価を行い，保育の質の向上を図ります。
（利用者の代弁）
❻私たちは，日々の保育や子育て支援の活動を通して子どものニーズを受けとめ，子どもの立場に立ってそれを代弁します。
　また，子育てをしているすべての保護者のニーズを受けとめ，それを代弁していくことも重要な役割と考え，行動します。
（地域の子育て支援）
❼私たちは，地域の人々や関係機関とともに子育てを支援し，そのネットワークにより，地域で子どもを育てる環境づくりに努めます。
（専門職としての責務）
❽私たちは，研修や自己研鑽を通して，常に自らの人間性と専門性の向上に努め，専門職としての責務を果たします。
社会福祉法人 全国社会福祉協議会
全国保育協議会
全国保育士会

資料 ◆ 日本介護福祉士会倫理綱領

1995年11月17日宣言

前文

　私たち介護福祉士は，介護福祉ニーズを有するすべての人々が，住み慣れた地域において安心して老いることができ，そして暮らし続けていくことのできる社会の実現を願っています。

　そのため，私たち日本介護福祉士会は，一人ひとりの心豊かな暮らしを支える介護福祉の専門職として，ここに倫理綱領を定め，自らの専門的知識・技術及び倫理的自覚をもって最善の介護福祉サービスの提供に努めます。

（利用者本位，自立支援）

　介護福祉士はすべての人々の基本的人権を擁護し，一人ひとりの住民が心豊かな暮らしと老後が送れるよう利用者本位の立場から自己決定を最大限尊重し，自立に向けた介護福祉サービスを提供していきます。

（専門的サービスの提供）

　介護福祉士は，常に専門的知識・技術の研鑽に励むとともに，豊かな感性と的確な判断力を培い，深い洞察力をもって専門的サービスの提供に努めます。

　また，介護福祉士は，介護福祉サービスの質的向上に努め，自己の実施した介護福祉サービスについては，常に専門職としての責任を負います。

（プライバシーの保護）

　介護福祉士は，プライバシーを保護するため，職務上知り得た個人の情報を守ります。

（総合的サービスの提供と積極的な連携，協力）

　介護福祉士は，利用者に最適なサービスを総合的に提供していくため，福祉，医療，保健その他関連する業務に従事する者と積極的な連携を図り，協力して行動します。

（利用者ニーズの代弁）

　介護福祉士は，暮らしを支える視点から利用者の真のニーズを受けとめ，それを代弁していくことも重要な役割であると確認したうえで，考え，行動します。

（地域福祉の推進）

　介護福祉士は，地域において生じる介護問題を解決していくために，専門職として常に積極的な態度で住民と接し，介護問題に対する深い理解が得られるよう努めるとともに，その介護力の強化に協力していきます。

（後継者の育成）

　介護福祉士は，すべての人々が将来にわたり安心して質の高い介護を受ける権利を享受できるよう，介護福祉士に関する教育水準の向上と後継者の育成に力を注ぎます。

◆ 社会福祉士の倫理綱領

● 前 文

　われわれ社会福祉士は，すべての人が人間としての尊厳を有し，価値ある存在であり，平等であることを深く認識する。われわれは平和を擁護し，人権と社会正義の原理に則り，サービス利用者本位の質の高い福祉サービスの開発と提供に努めることによって，社会福祉の推進とサービス利用者の自己実現をめざす専門職であることを言明する。

　われわれは，社会の進展に伴う社会変動が，ともすれば環境破壊及び人間疎外をもたらすことに着目する時，この専門職がこれからの福祉社会にとって不可欠の制度であることを自覚するとともに，専門職社会福祉士の職責についての一般社会及び市民の理解を深め，その啓発に努める。

　われわれは，われわれの加盟する国際ソーシャルワーカー連盟が採択した，次の「ソーシャルワークの定義」（2000年7月）を，ソーシャルワーク実践に適用され得るものとして認識し，その実践の拠り所とする。

> ・ソーシャルワークの定義
> ソーシャルワーク専門職は，人間の福利（ウェルビーイング）の増進を目指して，社会の変革を進め，人間関係における問題解決を図り，人々のエンパワーメントと解放を促していく。ソーシャルワークは人間の行動と社会システムに関する理論を利用して，人びとがその環境と相互に影響し合う接点に介入する。人権と社会正義の原理は，ソーシャルワークの拠り所とする基盤である。
> 　　　　　　　　　　　　　　　　　　　　　（IFSW；2000. 7.）

　われわれは，ソーシャルワークの知識，技術の専門性と倫理性の維持，向上が専門職の職責であるだけでなく，サービス利用者は勿論，社会全体の利益に密接に関連していることを認識し，本綱領を制定してこれを遵守することを誓約する者により，専門職団体を組織する。

● 価値と原則

1　（人間の尊厳）
　社会福祉士は，すべての人間を，出自，人種，性別，年齢，身体的精神的状況，宗教的文化的背景，社会的地位，経済状況等の違いにかかわらず，かけがえのない存在として尊重する。

2　（社会正義）
　差別，貧困，抑圧，排除，暴力，環境破壊などの無い，自由，平等，共生に基づく社会正義の実現を目指す。

3　（貢献）
　社会福祉士は，人間の尊厳の尊重と社会正義の実現に貢献する。

4　（誠実）
　社会福祉士は，本倫理綱領に対して常に誠実である。

資料

5（専門的力量）
　社会福祉士は，専門的力量を発揮し，その専門性を高める。

●倫理基準
1）利用者に対する倫理責任
　①（利用者との関係）社会福祉士は，利用者との専門的援助関係を最も大切にし，それを自己の利益のために利用しない。
　②（利用者の利益の最優先）社会福祉士は，業務の遂行に際して，利用者の利益を最優先に考える。
　③（受　容）社会福祉士は，自らの先入観や偏見を排し，利用者をあるがままに受容する。
　④（説明責任）社会福祉士は，利用者に必要な情報を適切な方法・わかりやすい表現を用いて提供し，利用者の意思を確認する。
　⑤（利用者の自己決定の尊重）社会福祉士は，利用者の自己決定を尊重し，利用者がその権利を十分に理解し，活用していけるように援助する。
　⑥（利用者の意思決定能力への対応）社会福祉士は，意思決定能力の不十分な利用者に対して，常に最善の方法を用いて利益と権利を擁護する。
　⑦（プライバシーの尊重）社会福祉士は，利用者のプライバシーを最大限に尊重し，関係者から情報を得る場合，その利用者から同意を得る。
　⑧（秘密の保持）社会福祉士は，利用者や関係者から情報を得る場合，業務上必要な範囲にとどめ，その秘密を保持する。秘密の保持は，業務を退いた後も同様とする。
　⑨（記録の開示）社会福祉士は，利用者から記録の開示の要求があった場合，本人に記録を開示する。
　⑩（情報の共有）社会福祉士は，利用者の援助のために利用者に関する情報を関係機関・関係職員と共有する場合，その秘密を保持するよう最善の方策を用いる。
　⑪（性的差別，虐待の禁止）社会福祉士は，利用者に対して，性別，性的指向等の違いから派生する差別やセクシュアル・ハラスメント，虐待をしない。
　⑫（権利侵害の防止）社会福祉士は，利用者を擁護し，あらゆる権利侵害の発生を防止する。

2）実践現場における倫理責任
　①（最良の実践を行う責務）社会福祉士は，実践現場において，最良の業務を遂行するために，自らの専門的知識・技術を惜しみなく発揮する。
　②（他の専門職等との連携・協働）社会福祉士は，相互の専門性を尊重し，他の専門職等と連携・協働する。
　③（実践現場と綱領の遵守）社会福祉士は，実践現場との間で倫理上のジレンマが生じるような場合，実践現場が本綱領の原則を尊重し，その基本精神を遵守するよう働きかける。
　④（業務改善の推進）社会福祉士は，常に業務を点検し評価を行い，業務改善を推進する。

3）社会に対する倫理責任
① （ソーシャル・インクルージョン）社会福祉士は，人々をあらゆる差別，貧困，抑圧，排除，暴力，環境破壊などから守り，包含的な社会を目指すよう努める。
② （社会への働きかけ）社会福祉士は，社会に見られる不正義の改善と利用者の問題解決のため，利用者や他の専門職等と連帯し，効果的な方法により社会に働きかける。
③ （国際社会への働きかけ）社会福祉士は，人権と社会正義に関する国際的問題を解決するため，全世界のソーシャルワーカーと連帯し，国際社会に働きかける。

4）専門職としての倫理責任
① （専門職の啓発）社会福祉士は，利用者・他の専門職・市民に専門職としての実践を伝え社会的信用を高める。
② （信用失墜行為の禁止）社会福祉士は，その立場を利用した信用失墜行為を行わない。
③ （社会的信用の保持）社会福祉士は，他の社会福祉士が専門職業の社会的信用を損なうような場合，本人にその事実を知らせ，必要な対応を促す。
④ （専門職の擁護）社会福祉士は，不当な批判を受けることがあれば，専門職として連帯し，その立場を擁護する。
⑤ （専門性の向上）社会福祉士は，最良の実践を行うために，スーパービジョン，教育・研修に参加し，援助方法の改善と専門性の向上を図る。
⑥ （教育・訓練・管理における責務）社会福祉士は教育・訓練・管理に携わる場合，相手の人権を尊重し，専門職としてのよりよい成長を促す。
⑦ （調査・研究）社会福祉士は，すべての調査・研究過程で利用者の人権を尊重し，倫理性を確保する。

保育・福祉専門職をめざす学習の基礎－講義・実習・生活のマナーを学ぶ

2009年4月 1日 第1版第1刷発行
2016年4月 1日 第1版第7刷発行

●著 者	生活技術教育研究会
●発行者	長渡 晃
●発行所	有限会社 ななみ書房
	〒252-0317 神奈川県相模原市南区御園 1-18-57
	TEL 042-740-0773
	http://773books.jp
●絵・デザイン	内海 亨
●印刷・製本	協友印刷株式会社

©2009 seikatsugijutsukyoikukenkyukai
ISBN978-4-903355-17-7
Printed in Japan

定価は表紙に記載してあります／乱丁本・落丁本はお取替えいたします